V. 2504.
2.

ESSAI
SUR
L'ARCHITECTURE.

par le S. Laugier Jesuite,

A PARIS;

Chez DUCHESNE, rue S. Jacques, au
Temple du Goût.

M. DCC. LIII.

Avec Approbation & Privilege du Roy.

PRÉFACE.

Ous avons divers Traités d'Architecture qui développent avec assez d'exactitude les mesures & les proportions; qui entrent dans le détail des différens ordres, qui fournissent des modéles pour toutes les manieres de bâtir. Nous n'avons point encore d'ouvrage qui en établisse solidement les principes, qui en manifeste le véritable esprit, qui propose des regles propres à diriger le talent & à fixer le goût. Il me semble que dans les arts qui ne sont pas purement méchaniques, il ne suffit pas que l'on sache travailler, il importe sur-tout que l'on appren-

ne à penser. Il faut qu'un Artiste puisse se rendre raison à lui-même de tout ce qu'il fait. Pour cela il a besoin de principes fixes qui déterminent ses jugemens, & qui justifient ses choix ; de telle sorte qu'il puisse dire qu'une chose est bien ou mal, non point simplement par instinct, mais par raisonnement & en homme instruit des routes du beau.

Les connoissances ont été poussées bien loin dans presque tous les Arts Libéraux. Une foule de gens à talent, se sont appliqués à nous en faire sentir toutes les finesses. On a écrit très-savamment de la Poësie, de la Peinture, de la Musique. Les mysteres de ces arts ingénieux ont été si bien approfondis, qu'il reste à leur égard peu de découvertes à faire. Nous avons des préceptes réfléchis & des critiques judicieuses, qui en déterminent les vraies beautés. L'imagination a des guides qui la mettent sur la voie, & des freins qui la retiennent dans les bornes. On apprécie au juste, & le mérite de ses saillies, & le desordre de ses écarts. Si nous manquions de bons Poëtes, de bons Peintres, ou de bons Musiciens, ce ne seroit point faute de théorie, ce seroit défaut de talent.

La seule Architecture a été abandonnée jusqu'à présent au caprice des Artistes, qui en ont donné les préceptes sans discernement. Ils ont fixé les regles au hasard, sur la seule inspection des édifices anciens. Ils en ont copié les défauts, avec autant de scrupule que les beautés : manquant de principes pour en faire la différence, ils se sont imposé l'obligation de les confondre : serviles imitateurs, tout ce qui s'eſt trouvé autoriſé par des exemples, a été déclaré légitime: bornant toutes leurs recherches à conſulter le fait, mal-à-propos ils en ont conclu le droit, & leurs leçons n'ont été qu'une ſource d'erreurs.

Vitruve ne nous a proprement appris que ce qui ſe pratiquoit de ſon tems; & quoiqu'il lui échappe des lueurs qui annoncent un génie capable de pénétrer dans les vrais myſteres de ſon art, il ne s'attache point à déchirer le voile qui les couvre, & s'éloignant toûjours des abyſmes de la théorie, il nous mene par des chemins de pratique, qui plus d'une fois nous égarent du but. Tous les modernes, à l'exception de M. de Cordemoi, ne font que commenter Vitruve, & le ſuivent avec confiance dans tous ſes égare-

PREFACE.

mens. Je dis à l'exception de M. de Cordemoi; cet auteur plus profond que la plûpart des autres, a apperçu la vérité qui leur étoit cachée. Son Traité d'Architecture est extrèmement court : mais il renferme des principes excellens, & des vûes extrèmement réfléchies. Il pouvoit, en les développant un peu davantage, en tirer des conséquences qui auroient répandu un grand jour sur les obscurités de son art, & banni la fâcheuse incertitude qui en rend les regles comme arbitraires.

Il est donc à souhaiter que quelque grand Architecte entreprenne de sauver l'Architecture de la bisarrerie des opinions, en nous en découvrant les loix fixes & immuables. Tout art, toute science a un objet déterminé. Pour parvenir à cet objet, toutes les routes ne sauroient être également bonnes; il n'y en a qu'une qui mene directement au but; & c'est cette route unique qu'il faut connoître. En toutes choses, il n'y a qu'une maniere de bien faire. Qu'est-ce que l'art? Sinon cette maniere établie sur des principes évidens, & appliquée à l'objet par des préceptes invariables.

En attendant que quelqu'un, beaucoup plus habile que moi, se charge de débrouiller le cahos des regles de l'Architecture, pour qu'il n'en subsiste desormais aucune dont on ne puisse rendre une solide raison; je vais tâcher d'y porter un léger rayon de lumiere. En considérant avec attention nos plus grands & nos plus beaux édifices, mon ame a toûjours éprouvé diverses impressions. Quelquefois le charme étoit si fort qu'il produisoit en moi un plaisir mêlé de transport & d'enthousiasme. D'autres fois, sans être si vivement entraîné, je me sentois occupé d'une maniere satisfaisante, c'étoit un plaisir moindre, mais pourtant un vrai plaisir. Souvent je demeurois tout-à-fait insensible; souvent aussi j'étois dégoûté, choqué, révolté. J'ai refléchi long-tems sur tous ces différens effets. J'ai répété mes observations jusqu'à ce que je me sois assûré que les mêmes objets faisoient toûjours sur moi les mêmes impressions. J'ai consulté le goût des autres, & en les mettant à une pareille épreuve, j'ai reconnu dans eux toutes mes sensibilités plus ou moins vives, selon que leur ame avoit reçû de la nature, un degré de chaleur plus ou moins fort. De-là

PREFACE.

j'ai conclu, 1°. qu'il y avoit dans l'Architecture des beautés essentielles, indépendantes de l'habitude des sens, ou de la convention des hommes. 2°. Que la composition d'un morceau d'Architecture étoit comme tous les ouvrages d'esprit, susceptible de froideur & de vivacité, de justesse & de desordre. 3°. Qu'il devoit y avoir pour cet art comme pour tous les autres, un talent qui ne s'acquiert point, une mesure de génie que la nature donne, & que ce talent, ce génie avoient besoin cependant d'être assujettis & captivés par des loix.

En méditant toûjours davantage sur les diverses impressions que faisoient sur moi les différentes compositions d'Architecture, j'ai voulu pénétrer la cause de leur effet. Je me suis demandé compte de mes

PREFACE.

sentimens à moi-même. J'ai voulu savoir pourquoi telle chose me ravissoit, telle autre ne faisoit que me plaire; celle-ci étoit pour moi sans agrémens; celle-là m'étoit insupportable. Cette recherche ne m'a présenté d'abord que des ténebres & des incertitudes. Je ne me suis point rebuté: j'ai sondé l'abysme jusqu'à ce que j'aye cru en découvrir le fond; je n'ai cessé d'interroger mon ame jusqu'à ce qu'elle m'ait rendu une réponse satisfaisante. Tout à coup il s'est fait à mes yeux un grand jour. J'ai vu des objets distincts où je n'appercevois auparavant que des brouillards & des nuages : je les ai saisis ces objets avec ardeur, & en faisant usage de leur lumiere, j'ai vû peu à peu mes incertitudes disparoître, mes difficultés s'évanoüir; & j'en suis venu jusqu'à pouvoir me démontrer à moi-même par principes & conséquences, la nécessité de tous les effets dont j'ignorois les causes.

Telle est la route que j'ai suivie pour me satisfaire. Il m'a paru qu'il ne seroit pas inutile de faire part au Public, du succès qu'ont eû mes efforts. Quand je ne ferois qu'engager mes Lecteurs à examiner si je n'ai point pris le change, à critiquer féverement mes décisions, à essayer par eux-mêmes de pénétrer plus avant dans le même abysme, l'Architecture y gagneroit infiniment. Je puis dire avec vérité, que ma principale intention est de mettre le Public, & sur-tout les Artistes, en voie de douter, de conjecturer, de se contenter difficilement : trop heu-

PREFACE.

reux, si je les porte à faire des recherches qui leur donnent lieu de me trouver en défaut, de corriger mes inexactitudes, d'enchérir sur mes raisonnemens.

Ce n'est ici qu'un essai, où je ne fais proprement qu'indiquer les choses & frayer la route, laissant à d'autres le soin de donner à mes principes, toute leur étendue & toute leur application, avec une intelligence & une sagacité dont je ne serois pas capable. J'en dis assez pour fournir aux Architectes, des regles fixes de travail, & des moyens infaillibles de perfection. J'ai tâché de me rendre intelligible le plus qu'il m'a été possible. Je n'ai pû éviter d'employer souvent des termes d'art. Ils sont presque tous assez connus. On trouve d'ailleurs des Dictionnaires qui en expliquent le sens veritable. Comme mon principal dessein est de former le goût des Architectes, j'évite tous les détails que l'on trouve ailleurs, & je n'ai pas besoin de charger ce petit ouvrage de figures, qui pourroient peiner & dégoûter le Lecteur.

TABLE DES CHAPITRES.

INTRODUCTION. Page 1
CHAPITRE I. Des Principes généraux de l'Architecture. 10
 ARTICLE I. De la Colonne. 16
 ARTICLE II. De l'Entablement. 32
 ARTICLE III. Du Fronton. 38
 ARTICLE IV. Des différens étages d'Architecture. 43
 ARTICLE V. Des Fenêtres & des Portes. 54
CHAPITRE II. Des différens ordres d'Architecture. 66
 ARTICLE I. De ce que tous les ordres d'Architecture ont de commun. 71
 ARTICLE II. De l'Ordre dorique. 79
 ARTICLE III. De l'Ordre ionique. 90
 ARTICLE IV. De l'ordre corinthien. 97
 ARTICLE V. Des différentes sortes de compofites. 107

TABLE

ARTICLE VI. *De la maniere d'enrichir les différens ordres d'Architecture.* 114

ARTICLE VII. *Des édifices où l'on n'employe aucun ordre d'Architecture.* 121

CHAPITRE III. *Considérations sur l'Art de bâtir.* 131

ARTICLE I. *De la solidité des bâtimens.* ibid.

ARTICLE II. *De la commodité des bâtimens.* 156

ARTICLE III. *De la bienséance qu'on doit garder dans les bâtimens.* 177

CHAPITRE IV. *De la maniere de bâtir les Eglises.* 199

CHAPITRE V. *De l'embellissement des Villes.* 242

ARTICLE I. *Des entrées de ville.* 245

ARTICLE II. *De la disposition des rues.* 258

ARTICLE III. *De la décoration des bâtimens.* 265

CHAPITRE VI. *De l'embellissement des jardins.* 272

Fin de la Table des Chapitres.

ESSAI.

ESSAI
SUR
L'ARCHITECTURE.

INTRODUCTION.

'ARCHITECTURE eſt de tous les Arts utiles, celui qui demande les talens les plus diſtingués, & les connoiſſances les plus étendues. Il faut peut-être autant de génie, d'eſprit, & de goût pour faire un grand Architecte, que pour former un Peintre, & un Poëte du premier ordre. Ce ſeroit une grande erreur de croire qu'il n'y a ici que du

méchanique; que tout se borne à creuser des fondemens, à élever des murs; le tout, selon des régles, dont la routine ne suppose que des yeux habitués à juger d'un à plomb, & des mains faites à manier la truelle.

Quand on parle de l'art de bâtir; des amas confus de décombres incommodes, des tas immenses de matériaux informes, un bruit effroyable de marteaux, des échaffauds périlleux, un jeu effrayant de machines, une armée d'Ouvriers sales & crotés; c'est tout ce qui se présente à l'imagination du vulgaire, c'est là l'écorce peu agréable d'un Art, dont les ingenieux misteres apperçus de peu de gens, excitent l'admiration de tous ceux qui les pénétrent. Ils y découvrent des inventions dont la hardiesse suppose un génie vaste & fécond, des proportions dont la servitude annonce une précision sévére &

fiftématique ; des ornemens dont l'élégance décéle un fentiment délicat & exquis. Quiconque eft capable de faifir tant de vraies beautés ; bien loin de confondre l'Architecture avec les moindres Arts, fera plutôt tenté de la mettre au rang des Sciences les plus profondes. La vûe d'un édifice conftruit dans toute la perfection de l'art, caufe un plaifir & un enchantement dont on n'eft pas maître de fe défendre. Ce fpectacle réveille dans l'ame des idées nobles & touchantes. Il nous fait éprouver cette douce émotion, & cet agréable tranfport qu'excitent les ouvrages qui portent l'empreinte d'une vraie fupériorité d'efprit. Un bel édifice parle éloquemment pour fon Architecte. M. Perrault dans fes écrits n'eft tout au plus qu'un Sçavant : la colonade du Louvre le décide grand Homme.

L'Architecture doit ce qu'elle a de

plus parfait aux Grecs, Nation privilégiée, à qui il étoit réservé de ne rien ignorer dans les Sciences, & de tout inventer dans les Arts. Les Romains dignes d'admirer; capables de copier les modéles excellens que la Gréce leur fournissoit, voulurent y ajoûter du leur, & ne firent qu'apprendre à tout l'Univers, que quand le degré de perfection est atteint, il n'y a plus qu'à imiter ou à déchoir. La barbarie des siécles postérieurs, après avoir enseveli tous les beaux Arts, sous les ruines du seul empire qui en conservoit le goût & les principes, fit naître un nouveau système d'Architecture, où les proportions ignorées, les ornemens bisarrement configurés & puerillement entassés, n'offroient que des pierres en découpure, de l'informe, du grotesque, de l'excessif. Cette Architecture moderne a fait trop long-temps les délices de toute l'Europe. La plûpart de nos grandes Eglises font malheureufement deftinées à en conferver des traces à la poftérité la plus reculée. Difons la vérité ; avec des taches fans nombre, cette Architecture a eu des beautés. Quoiqu'il régne dans fes plus magnifiques productions une pefanteur d'efprit & une groffiereté de fentiment tout-à-fait choquante : peut-on ne pas admirer la hardieffe des traits, la délicateffe du cifeau, l'air de majefté & de dégagement que l'on remarque dans certains morceaux, qui par tous ces endroits ont quelque chofe de défefpérant & d'inimitable. Mais enfin de plus heureux génies fçurent appercevoir dans les monumens antiques des preuves de l'égarement univerfel, & des reffources pour en revenir. Faits pour goûter des merveilles vainement expofées à tous les yeux depuis tant de fiécles, ils en méditerent les rapports, ils en imiterent l'artifice. A force de recherches, d'examens & d'essais, ils firent renaître l'étude des bonnes régles, & rétablirent l'Architecture dans tous ses anciens droits. On abandonna les ridicules colifichets du gothique & de l'arabesque, pour y substituer les parures mâles & élégantes du Dorique, de l'Ionique, du Corinthien. Les François lents à imaginer, mais prompts à suivre les imaginations heureuses, envierent à l'Italie la gloire de ressusciter ces magnifiques créations de la Grece. Tout est plein parmi nous de monumens qui attestent l'ardeur, qui constatent le succès de cette émulation de nos Peres. Nous avons eu nos Bramantes, nos Michel-Anges, nos Vignoles. Le siécle passé, siécle où, en genre de talens, la nature au milieu de nous a étalé, & peut-être épuisé toute sa fécondité; le siécle passé a produit en fait d'Architecture des chefs-d'œuvres dignes des meilleurs temps. Mais au moment que nous touchions à la perfection, comme si la barbarie n'avoit pas perdu sur nous tous ses droits, nous sommes retombés dans le bas & le défectueux. Tout semble nous menacer enfin d'une décadence entiere.

Ce danger qui devient de jour en jour plus prochain, qu'on peut cependant prévenir encore, m'engage à proposer ici modestement mes réflexions sur un Art pour lequel j'ai toujours eu beaucoup d'amour. Dans le dessein que je me propose, je ne suis animé ni par la passion de censurer, passion que je déteste, ni par le désir de dire des choses nouvelles : désir que je crois au moins frivole. Plein d'estime pour nos Artistes, dont plusieurs ont une habileté reconnue ; je me borne à leur communiquer mes idées & mes doutes, dont je les prie de faire un examen réfléchi. Si je releve comme de vrais abus certains ufages univerfellement reçus parmi eux, je ne prétends point qu'ils s'en rapportent à ma feule opinion que je foûmets de grand cœur à leur judicieufe critique. Je demande feulement qu'ils veuillent bien fe dépouiller de certaines préventions trop ordinaires, & toujours nuifibles aux progrès des Arts.

Qu'ils ne difent point que n'étant pas du métier, je ne fçaurois en parler avec affez de connoiffance; c'eft affurément la plus vaine des difficultés. Tous les jours on juge d'une Tragédie fans avoir jamais fait des vers. La connoiffance des régles n'eft interdite à perfonne, quoique l'exécution ne foit donnée qu'à quelques-uns. Qu'ils ne m'oppofent point des autorités refpectables fans être infaillibles. Ce feroit tout gâter que de juger de ce qui doit être par ce qui eft. Les plus grands Hommes se sont égarés quelquefois : ce n'est donc point un moyen sûr d'éviter l'erreur, que de prendre toujours leur exemple pour régle. Qu'on ne m'arrête point par des impossibilités prétendues. La paresse en trouve beaucoup, où la raison n'en voit aucune. Je me persuade que ceux de nos Architectes qui ont un véritable zéle pour la perfection de leur art, me sçauront gré de ma bonne volonté. Ils trouveront peut-être dans cet écrit des réflexions qui leur étoient échappées : Et s'ils les jugent solides, ils ne dédaigneront pas d'en faire usage ; c'est tout ce que je leur demande.

CHAPITRE PREMIER.

Principes généraux de l'Architecture.

IL en est de l'Architecture comme de tous les autres Arts : ses principes sont fondés sur la simple nature, & dans les procédés de celle-ci se trouvent clairement marquées les régles de celle-là. Considérons l'homme dans sa premiere origine sans autre secours, sans autre guide que l'instinct naturel de ses besoins. Il lui faut un lieu de repos. Au bord d'un tranquille ruisseau, il apperçoit un gason; sa verdure naissante plaît à ses yeux, son tendre duvet l'invite, il vient, & mollement étendu sur ce tapis émaillé, il ne songe qu'à jouir en paix des dons de la nature : rien ne lui manque, il ne désire rien.

Mais bientôt l'ardeur du Soleil qui le brule, l'oblige à chercher un abri. Il apperçoit une forêt qui lui offre la fraîcheur de ses ombres ; il court se cacher dans son épaisseur, & le voilà content. Cependant mille vapeurs élevées au hazard se rencontrent & se rassemblent, d'épais nuages couvrent les airs, une pluie effroyable se précipite comme un torrent sur cette forêt délicieuse. L'homme mal couvert à l'abri de ses feuilles, ne sçait plus comment se défendre d'une humidité incommode qui le pénétre de toute part. Une caverne se présente, il s'y glisse, & se trouvant à sec, il s'applaudit de sa découverte. Mais de nouveaux désagremens le dégoûtent encore de ce séjour. Il s'y voit dans les ténébres, il y respire un air mal sain, il en sort résolu de suppléer, par son industrie, aux inattentions & aux négligence de la nature.

L'homme veut se faire un logement qui le couvre sans l'ensevelir. Quelques branches abbatues dans la forêt sont les matériaux propres à son dessein. Il en choisit quatre des plus fortes qu'il éleve perpendiculairement, & qu'il dispose en quarré. Au-dessus il en met quatre autres en travers; & sur celles-ci il en éleve qui s'inclinent, & qui se réunissent en pointe de deux côtés. Cette espece de toit est couvert de feuilles assez serrées pour que ni le soleil, ni la pluie ne puissent y pénétrer; & voilà l'homme logé. Il est vrai que le froid & le chaud lui feront sentir leur incommodité dans sa maison ouverte de toute part; mais alors il remplira l'entre-deux des piliers, & se trouvera garanti.

Telle est la marche de la simple nature; c'est à l'imitation de ses procédés que l'art doit sa naissance. La petite cabane ruſtique que je viens de décrire, eſt le modele ſur lequel on a imaginé toutes les magnificences de l'Architecture, c'eſt en ſe raprochant dans l'exécution de la ſimplicité de ce premier modele, que l'on évite les défauts eſſentiels, que l'on ſaiſit les perfections véritables. Les pieces de bois élevées perpendiculairement nous ont donnné l'idée des colomnes. Les pieces horiſontales qui les ſurmontent, nous ont donné l'idée des entablemens. Enfin les pieces inclinées qui forment le toit, nous ont donné l'idée des frontons : voilà ce que tous les Maîtres de l'Art ont reconnu. Mais qu'on y prenne bien garde. Jamais principe ne fut plus fécond en conſéquences. Il eſt facile déformais de diſtinguer les parties qui entrent eſſentiellement dans la compoſition d'un ordre d'Architecture, d'avec celles qui ne s'y ſont introduites que par besoin, ou qui n'y ont été ajoûtées que par caprice. C'est dans les parties essentielles que consistent toutes les beautés. Dans les parties introduites par besoin consistent toutes les licences. Dans les parties ajoûtées par caprice consistent tous les défauts : ceci demande des éclaircissemens. Je vais tâcher d'y répandre tout le jour possible.

Ne perdons point de vûe notre petite cabane rustique. Je n'y vois que des colomnes, un plancher ou entablement, un toit pointu dont les deux extrêmités forment chacune ce que nous nommons un fronton. Jusqu'ici point de voûte, encore moins d'arcade, point de piédestaux, point d'attique, point de porte même, point de fenêtre. Je conclus donc & je dis : Dans tout ordre d'Architecture, il n'y a que la colomne, l'entablement & le fronton qui puissent entrer essentiellement dans sa composition. Si chacune de ces trois parties se trouve placée dans la situation & avec la forme qui lui convient, il n'y aura rien à ajoûter pour que l'ouvrage soit parfait. Il nous reste en France un très-beau monument des Anciens, c'est ce qu'on appelle à Nismes la Maison-Quarrée. Connoisseurs ou non Connoisseurs, tout le monde admire la beauté de cet édifice. Pourquoi? parce que tout y est selon les vrais principes de l'Architecture. Un quarré long où trente colomnes supportent un entablement & un toit terminé aux deux extrêmités par un fronton, voilà tout ce dont il s'agit : cet assemblage a une simplicité & une noblesse qui frappe tous les yeux. Entrons dans le détail des parties essentielles à un ordre d'Architecture.

ARTICLE I.

De la Colomne.

1°. LA Colomne doit être exactement perpendiculaire : parce qu'étant destinée à supporter tout le fardeau, c'est son parfait à plomb qui fait sa plus grande force. 2°. La Colomne doit être isolée, pour exprimer plus naturellement son origine & sa destination. 3°. La Colomne doit être ronde, parce que la nature ne fait rien de quarré. 4°. La Colomne doit avoir sa diminution de bas en haut, pour imiter la nature qui donne cette diminution à toutes les plantes. 5°. La Colomne doit porter immédiatement sur le pavé, comme les piliers de la cabane rustique portent immédiatement sur le terrein. Toutes ces régles se trouvent

vent juſtifiées dans notre modele. Il faut donc regarder comme des défauts tout ce qui s'en écarte ſans une vraie néceſſité.

1. Défaut. C'eſt lorſqu'au lieu d'iſoler les colonnes, ont les tient engagées dans un mur. Il eſt certain que la colonne perd infiniment de ſa grace, ſi le moindre obſtacle en gêne, en efface le contour. J'avoue que très ſouvent les circonſtances mettent, ce ſemble, hors d'état d'iſoler les colonnes. On veut habiter des lieux à couvert, & non des halles toutes ouvertes. Alors c'eſt une néceſſité de remplir les entre-colonnemens, & par conſéquent d'engager les colonnes. Dans ce cas l'engagement de la colonne ne ſera point regardé comme un défaut ; ce ſera une licence autoriſée par le beſoin. Mais qu'on ſe ſouvienne toûjours que toute licence annonce une imperfection, qu'il en faut uſer ſobrement, &

B

dans la seule impossibilité de faire mieux. Quand donc on est obligé d'engager les colonnes, il faut les engager le moins qu'il est possible, d'un quart tout-au-plus & de moins encore; afin que dans leur servitude même elles conservent toûjours quelque chose de cet air de liberté & de dégagement qui leur donne tant de grace. On doit éviter de se mettre dans la nécessité fâcheuse d'employer des colonnes engagées. Le mieux seroit de réserver les colonnes pour les portiques où elles peuvent être parfaitement isolées, & de les supprimer par-tout où la nécessité contraint de les adosser contre un mur. Enfin lors même qu'on se trouve assujetti à cette bienséance, qui empêche de dégager la colonne pour la laisser voir toute entiere? Croit-on que le portail de saint Gervais ne seroit pas plus parfait, si les colonnes de l'ordre dorique étoient isolées, comme celles des ordres superieurs ? Y avoit-il à cela quelque chose d'impossible ? C'est avoir bien peu de respect humain que d'oser censurer un ouvrage, que tout le Public est accoûtumé à regarder comme un chef-d'œuvre sans défaut. En relevant les imperfections de cet édifice, j'acquiers le droit de n'en épargner aucun autre, sans blesser l'amour propre de qui que ce soit. Voilà pourquoi j'en parlerai sans ménagement. Après ce que je viens de dire, on ne sera plus si surpris que les connoisseurs fassent si peu de cas du portail de l'Eglise des Jesuites, rue saint Antoine. Sans compter les autres défauts qui y sont en grand nombre, ces trois ordres de colonnes engagées font un effet des plus désagréables. Ce n'est-là, comme dit ingénieusement M. de Cordemoi, qu'une Architecture en bas relief, dont des yeux éclairés ne s'accommoderont jamais. J'ai souvent gémi de la fureur des Architectes pour les colonnes engagées : mais je n'aurois jamais cru qu'il pût venir dans l'esprit d'un homme qui pense, d'engager les colonnes les unes dans les autres. Il n'est pas de défaut plus insupportable & plus monstrueux. Les Novices mêmes dans l'Art en conviendront, & cependant ce défaut se trouve répété sur toutes les façades de la cour intérieure du Louvre. Une bévûe si grossiere dans un si grand ouvrage peut être mise au rang des humiliations de l'esprit humain.

2. Défaut. C'est au lieu de colonnes rondes d'employer des pilastres quarrés. Les pilastres ne sont qu'une mauvaise représentation des colonnes. Leurs angles annoncent la contrainte de l'Art, & s'écartent sensiblement de la simplicité de la nature. Ils ont des arêtes vives & in-

commodes qui gênent le coup d'œil. Leurs furfaces fans arrondiffement donnent à tout l'ordre un air plat. Ils ne font point fufceptibles de cette diminution qui fait un des grands agrémens des colonnes. Les pilaftres ne font jamais néceffaires. Par tout où on les employe, les colonnes y feroient employées avec autant d'avantage. On doit donc les regarder comme une innovation bifarre, qui n'étant fondée en nature d'aucune façon, & n'étant autorifée par aucun befoin, n'a pu être adoptée que par ignorance, & n'eft encore tolérée que par habitude. Le goût des pilaftres a gagné par tout : hélas, où n'en trouve-t-on point ? Cependant pour s'en dégoûter, il ne faudroit que réfléchir fur le grand effet que font toujours les colonnes, effet qui fe trouve infailliblement détruit par les pilaftres. Convertiffez en pilaftres les colonnes accouplées du portique du Louvre, & vous lui ôterez toute sa beauté. Comparez les deux côtés de ce superbe portique avec les pavillons en avant corps qui le terminent : quelle différence ! il n'est pas jusqu'aux valets & aux servantes qui ne demandent pourquoi on n'a pas fait les pavillons comme le reste. Ce regret est inspiré par le goût du vrai beau, goût naturel à tout le monde. C'est le même ordre d'Architecture qui regne sur toute la façade : mais le portique offre des colonnes, les pavillons présentent des pilastres ; cette seule diversité suffit pour troubler tout le plaisir qu'auroit causé un ensemble plus uniforme. En entrant dans les travées de la Chapelle de Versailles, tout le monde est frappé de la beauté des colonnes, de l'apreté des entre-colonnemens : mais aussi-tot qu'on est arrivé à la naissance du rond-point, il n'est personne qui ne voye avec chagrin cette belle suite de colonnes sottement interrompue par un maussade pilastre. On doit donc tenir pour certain que l'usage des pilastres est un des grands abus qui se soient introduits dans l'Architecture; & comme un abus ne vient jamais seul, on nous a donné des pilastres pliés dans les angles, des pilastres cintrés dans les plans circulaires, des pilastres perdus, confondus les uns dans les autres. Le pilastre est un colifichet qu'on met à toute sorte d'usages. On le marie avec la colonne, & il semble que c'est là pour elle un correspondant inséparable : y eut-il jamais un assortiment plus ridicule ? Que signifie ce pilastre engagé derriere une colonne isolée ? De bonne foi je n'en sçai rien ; & je défie qu'on en rende raison. Y a-t-il du sens à unir deux choses si incompatibles ? La colonne a sa diminution, le pilastre n'en sçauroit avoir aucune, d'où il arrive que celui-ci paroîtra toûjours, ou trop étroit par le bas, ou trop large par le haut. Y a-t-il quelque vuide à remplir ? On le remplit par un pilastre. Y a-t-il quelque défaut à masquer, quelque endroit à enrichir ? On y taille une moitié, un quart de pilastre. Les Anciens n'ont pas été plus scrupuleux sur l'article que les Modernes. Ceux-là même ont été quelquefois moins délicats que ceux-ci; puisqu'ils ont fait des portiques mélangés alternativement de colonnes & de pilastres. En un mot le pilastre est une chose que je ne saurois souffrir. Cette aversion est née avec moi. Plus j'ai étudié l'Architecture, plus j'ai trouvé dans ses vrais principes de quoi me justifier à moi-même cette aversion. On employe les pilastres, dira-t-on, pour éviter la trop grande dépense des colonnes. Je réponds que si l'on n'est arrêté que par des raisons d'épargne, il n'y a qu'à prendre le parti de supprimer tout ordre d'Architecture. On peut sans ce secours faire des bâtimens qui auront de la beauté. Mais si l'on veut employer les grands ordres d'Architecture, je ne pardonnerai jamais qu'on en retranche la colonne qui est leur partie la plus essentielle.

3. Défaut. C'est au lieu de la dimimution ordinaire des colonnes, de leur donner un renflement vers le tiers de la hauteur de leur fust. Je ne crois pas que la nature ait jamais rien produit, qui puisse autoriser ce renflement. Rendons justice à nos Artistes. Il y a long-temps qu'ils sont revenus des colonnes fuselées, & on n'en trouve point dans aucun de nos ouvrages récens. Les colonnes à bos-

fages ne font pas moins vicieufes que les colonnes fufelées. Philibert de l'Orme qui en faifoit grand cas, & qui en a rempli le Palais des Tuileries, n'avoit pas un goût affez épuré, pour que fa feule autorité doive les faire admettre. Ce grand Homme mérite des éloges diftingués. L'Architecture le comptera toûjours au nombre de fes plus excellens maîtres. Nous lui devons la renaiffance de ce bel Art parmi nous : mais fes ouvrages fe fentent encore du goût dépravé des fiécles antérieurs. Les colonnes en boffages ne font qu'une imagination de caprice. Ce n'eft plus une colonne entiere que l'on voit, ce font différens tronçons de colonnes entaffés les uns fur les autres à module inegal, dont l'effet a quelque chofe de très-mefquin & d'infiniment dur. Le beau Palais du Luxembourg n'eft pas médiocrement défiguré par ces colonnes à bossages. Les colonnes torses sont bien pis encore. Celui qui les a imaginées, avoit certainement de l'habileté ; car il en faut beaucoup pour les bien faire : mais s'il avoit eu du goût & du jugement, à coup sûr il n'auroit pas mis ses soins à exécuter une imagination si folle. Les colonnes torses sont en fait d'Architecture ce que sont dans le corps humain les jambes estropiées d'un bancroche : mais la singularité a plû d'abord à quelques gens ennemis du naturel. Ils ont cru l'ouvrage beau, parce qu'il étoit difficile. D'autres plus bisarres encore nous ont donné des tronçons de colonnes droites, sur lesquelles ils ont misérablement enchâssé les deux tiers d'une colonne torse. D'autres enfin entraînés par le même goût, mais vaincus par la difficulté de l'exécution, ont voulu au moins se satisfaire en torsant les cannelures d'une colonne droite. Ces extravagances ont sur-tout été affectées aux retables d'Autel. J'admire les baldaquins de saint Pierre de Rome, du Val-de-Grace & des Invalides : mais je ne pardonnerai jamais aux grands Hommes qui en ont donné le dessein, d'avoir fait usage des colonnes torses. Ne donnons point dans le faux brillant : il ne prouve que le défaut de génie. Tenons-nous en au simple & au naturel; il est l'unique route du beau.

4. Défaut. C'est au lieu de faire porter les colonnes immédiatement sur le pavé, de les guinder sur des piédestaux. Les colonnes étant, si je puis parler ainsi, les jambes de l'édifice, il est absurde de leur donner à elles-mêmes d'autres jambes. Les piédestaux dont je parle, n'ont été imaginés que par misere.

Quand on a eu des colonnes trop courtes, on a pris le parti de les monter sur des échâsses pour suppléer à leur défaut d'élévation. Le même inconvénient a fait recourir aux doubles piédestaux, quand un seul ne suffisoit pas. Rien ne donne à l'Architecture un air plus pésant & plus gauche que ces massifs énormes & anguleux que l'on fait servir de soûbase à la colonne. Le portique de l'Hôtel de Soubise n'est pas supportable à cause de ses affreux piédestaux ; & si les colonnes prenoient depuis le bas, ce seroit un ouvrage charmant. Les colonnes peuvent porter sur un massif de mur continu, c'est-à-dire, sur un socle simple sans base, sans corniche & d'une médiocre hauteur; & cela toutes les fois que l'on bâtit un portique dont le pavé interieur est plus élevé que le pavé du lieu que le portique environne. Bien loin de blâmer cette pratique, je suis persuadé qu'elle aura toujours beaucoup de succès. Les colonnes peuvent aussi quelquefois porter chacune sur un petit socle séparé, lorsque les entre-colonnemens sont remplis par une balustrade d'appui, comme aux travées de la Chapelle de Versailles, & au portique du Louvre. Cette seconde maniere est moins parfaite; elle seroit même défectueuse, si elle n'étoit pas excusée par la nécessité de mettre une balustrade d'appui a un portique qui se trouve élevé au premier étage. Mais que dans un rez-de-chaussée on mette des piédestaux sous les colonnes, c'est une faute que rien ne peut excuser. Les Autels de nos Eglises offrent presque tous ce ridicule spectacle. On y veut des colonnes; il en coûteroit trop de les avoir d'un module assez grand, pour les faire porter immédiatement sur le pavé; de-là

SUR L'ARCHITECTURE. 31
la nécessité des piédestaux. A l'Autel principal de l'Eglise des Jésuites de la rue saint Antoine, on voit par cette raison des colonnes élevées sur deux piédestaux l'un sur l'autre. Je ne citerai que cette fois ce monstrueux ouvrage. Tout ce qu'on en peut dire, c'est que de toutes les fautes grossieres qu'on peut faire en Architecture, il n'y en a pas une qui y ait été oubliée En un mot, les piédestaux ne sont bons que pour porter une Statue, & c'est manquer essentiellement de goût, que de les destiner à un autre usage. On dira tant qu'on voudra que les piédestaux ont été admis de tout temps, que Vitruve & tous les Commentateurs assignent à chaque ordre le sien; qu'on en trouve dans les plus beaux édifices de l'Antiquité : J'ai mon principe dont je ne me départirai jamais. Toute invention où qui est con-

tre nature, ou dont on ne sauroit rendre une raison solide, eût-elle les plus grands approbateurs, est une invention mauvaise, & qu'il faut proscrire.

ARTICLE II.
De l'Entablement.

L'Entablement est le second objet qui se présente dans le modele de la cabane rustique. Les pieces posées horisontalement sur les piliers verticaux pour former un plancher, sont représentées, par ce que nous nommons l'entablement. Or en ne nous écartant point de notre modele, nous conclurrons : 1°. Que l'entablement doit toûjours porter sur ses colonnes en plate bande : 2°. Que dans sa longueur il ne doit former aucun angle ou ressaut : de-là résulte la condamnation des défauts suivans.

1. Défaut

1. Défaut. C'est au lieu de donner à l'entablement la forme d'un vrai plancher uniquement porté par les colonnes isolées, de le soûtenir par de grandes arcades; pratique trop ordinaire dans nos églises & ailleurs. Ces arcades sont vicieuses : 1°. Parce qu'elles exigent des piédroits & des impostes, dont le massif adossé aux colonnes, leur ôte cet air de dégagement en quoi consiste leur principale beauté, & donne à tout l'ouvrage un air de pesanteur : 2°. Parce que ces piédroits retombent dans l'inconvénient des pilastres. Ils nous presentent des figures quarrées, des angles, des arêtes : figures qui s'écartent du naturel, qui sentent la contrainte, & dont le coup d'œil ne sauroit avoir les graces naïves du parfait arrondissement des colonnes: 3°. Parce que ces arcades se trouvent ici employées à un usage contre nature.

Les arcades sont des voûtes. Les voûtes doivent toujours être portées, & ne peuvent jamais servir d'appui. Or ces arcades ne servent ici qu'à porter l'entablement : car si ce n'est pas là leur destination, de quel usage peuvent-elles être ? 4°. Parce ces arcades par leur poussée forcent les colonnes à porter de côté ; ce qui est encore contre nature, les colonnes n'étant faites que pour porter à plomb. Il est donc certain que les arcades sont tout-à-fait vicieuses.

Je dis plus, elles sont absolument inutiles, & l'entablement étendu en plate-bande sur les colonnes n'a pas besoin de leur secours pour se soûtenir. Je sai que si l'on veut faire une plate-bande d'une trop grande portée, elle ne se soûtiendra point, parce que ses appuis seront trop éloignés. Mais quelle nécessité de donner aux architraves ces énormes portées;

dont le spectacle seroit effrayant ? Pourquoi épargner les colonnes dont la sage multiplication sera toûjours d'un agrément singulier ? On sait en Architecture quelle doit être la largeur des entre-colonnemens, pour que rien ne manque à la solidité de l'édifice. Les Anciens nous ont laissé à ce sujet des regles infaillibles. Nous avons trouvé le secret de nous mettre un peu plus au large, en imaginant d'accoupler les colonnes: idée heureuse qui n'étoit venue à aucun d'eux. Pourquoi vouloir aller au-delà, au risque de substituer le lourd & le massif, à l'élégant & au délicat ? Si l'on prétend encore que les architraves en plate-bande sont contraires à la solidité : j'en appelle au portique du Louvre, & aux travées de la Chapelle de Versailles; Voilà des exemples qui valent la meilleure démonstration. Il ne faut point être connoiffeur pour admirer ces deux beaux morceaux d'Architecture, auffi exacts que hardis, auffi folides que délicats. Leur beauté frappe tout le monde, parce qu'elle eft naturelle, parce qu'elle eft vraie. Il eft étonnant qu'avec de tels modeles fous les yeux, nos Architectes en reviennent toûjours à leurs miférables arcades.

2. Défaut. C'eft lorfque l'entablement n'eft pas en ligne droite fans angles ni reffauts. L'entablement repréfente la longue piece deftinée à porter la couverture. Or s'eft-on jamais avifé ; & ne feroit-il pas fouverainement ridicule de faire cette piece par avancemens & par retraites ? Quelle néceffité ? Quelle bizarrerie ? J'en dis de même de ces entablemens que l'on fait avancer fur les colonnes, & retirer dans les entre-colonnemens. Cette foule d'angles

faillans & rentrans rendent à la vérité l'exécution plus laborieuse : mais ils n'annoncent qu'une bigarrure sans goût & sans dessein. Ces inégalités dans un entablement continu ne sont excusables que lorsque par la rencontre d'un avant-corps, il est sensé y avoir interruption. Mais, si je ne me trompe, l'usage des avant-corps n'est rien moins qu'arbitraire. Des pavillons distribués sur la longueur d'une façade, & qui font comme autant de petits bâtimens détachés du corps de logis principal, sont les seuls légitimes avant-corps que je connoisse; tout le reste est pur caprice. Parce qu'on a remarqué le bon effet que font dans un grand bâtiment les avant-corps dont je viens de parler, on a cru qu'on pouvoit mettre de fantaisie tout ce que l'on vouloit en avant-corps; & l'avant-corps est devenu entre les mains des

Architectes médiocres un ornement de reſſource pour toutes les occaſions, où l'on a voulu éviter la monotonie. C'eſt un abus. J'en reviens toujours à mon grand principe : on ne doit jamais rien mettre dans un bâtiment, dont on ne puiſſe rendre une raiſon ſolide; & l'idée que bien des gens ont que dans les choſes de goût, il ne faut pas une logique ſi ſévere, eſt le plus funeſte de tous les préjugés.

ARTICLE III.

Du Fronton.

LE Fronton eſt la derniere piece de l'édifice : il repréſente le pignon du toit ; il ne peut donc jamais être que ſur la largeur du bâtiment. Sa forme eſt eſſentiellement triangulaire, il doit toûjours être placé au-deſſus de l'entablement. Concluons de-là à rejetter les défauts suivans.

1. Défaut. C'est de construire un Fronton sur la longueur du bâtiment. Puisque le fronton n'est que la représentation du pignon du toit, il doit être placé conformément à l'objet qu'il représente. Or le pignon du toit est toûjours pris sur la largeur, & jamais sur la longueur du bâtiment. Que nos Architectes réfléchissent un peu sur ce raisonnement qui est la simplicité même, & il ne leur arrivera pas de placer au milieu d'une longue façade des frontons postiches qui ne signifient rien. Ils pensent donner plus d'agrément en interrompant ainsi l'uniformité : mais qu'ils sçachent que dans tous les Arts c'est pécher contre les regles que de mettre des inutilités. Je remarque toûjours avec regret que le grand homme qui a donné le

plan du portique du Louvre, s'eſt oublié juſqu'à élever un grand fronton dans le milieu. Il y eſt d'autant plus déplacé ce fronton, que la baluſtrade qui regne au-deſſus de l'entablement, annonçant néceſſairement un édifice couvert en terraſſe; tout ce qui rappelle l'idée d'un toit devient ici fort choquant. Un plus grand inconvénient encore, c'eſt que la baluſtrade ſe trouve coupée par ce Fronton, & s'y raccorde d'une maniere aſſez mauſſade. Du moins on a évité l'horrible faute que quelques-uns ont commiſe en faiſant grimper leur baluſtrade ſur les plans inclinés du fronton qu'elle rencontre. Que dirai-je de cette longue file de frontons qui couronne la grande gallerie du Louvre? Que c'eſt une imitation bien plate des toits à l'Allemande. Je ne vois guere de frontons recevables, que ceux qui couvrent le portail d'une Eglife. Là ils fe trouvent à leur véritable pofition. Par-tout ailleurs ils font communément déplacés, parce que les toits à pignon n'y font plus d'ufage.

2. Défaut. C'eft de faire des Frontons qui ne foient pas triangulaires. Le toit fe termine toûjours en pointe plus ou moins aigue, le Fronton qui en eft la repréfentation, doit imiter fervilement cette forme. Donc les frontons cintrés font contre nature. Donc à plus forte raifon les frontons brifés font déteftables, puifqu'ils annoncent un toit entre-ouvert. Donc à plus forte raifon encore les frontons à volute font de toutes les déraifons la plus confommée.

3. Défaut. C'eft de mettre des frontons les uns au-deffus des autres. Rien de plus abfurde que cette pratique. Un fronton en bas fuppofe un toit, un fronton en haut fuppofe encore un toit:

voilà donc deux toits l'un sur l'autre. Le portail de saint Gervais a ce défaut qui dégrade beaucoup son mérite. Quelque grande que soit la prévention en faveur de cet édifice, je ne crois pas, après la raison que je viens d'en donner, qu'aucun homme sensé puisse approuver le double fronton haut & bas que l'on y remarque. C'est bien pis encore quand le fronton se trouve au-dessous de l'entablement. En user de la sorte, c'est mettre le toit dans la maison, & le plancher au-dessus du toit. Cependant combien n'en trouve-t-on pas d'exemples ! Combien de portes, combien de fenêtres surmontées d'un ridicule Fronton !

ARTICLE IV.

Des différens Etages d'Architecture.

C'Eſt quelquefois une néceſſité de mettre pluſieurs ordres d'Architecture les uns ſur les autres ; ſoit à cauſe que les bâtimens que l'on conſtruit, doivent avoir différens étages ; ſoit parce que, quand même il n'y auroit qu'un étage ſeul, la bienſéance ou quelqu'autre motif exige une élévation à laquelle ne ſuffit point un ſeul ordre d'Architecture. En pareil cas les ordres mis les uns ſur les autres, deviennent une licence que la néceſſité autoriſe, & qui n'aura rien de repréhenſible, pourvû qu'on y obſerve les regles ſuivantes.

1°. Il faut retrancher des ordres inférieurs tout ce qui porte la représentation & l'idée d'un toit ; parce qu'il seroit absurde de bâtir au-dessus du toit. Dèslors sur toutes choses les frontons doivent disparoître, aussi bien que les modillons, les denticules, les triglyphes & les mutules, qui, selon la pensée de tous les maîtres de l'Art, représentent les extrémités de différentes pieces de charpente. Les y admettre, c'est une faute contre les bonnes regles, & une faute d'autant plus grossiere que rien ne force à la commettre. Je vas plus loin, & je prétends qu'il faudroit aussi retrancher de l'ordre inférieur toute la partie de l'entablement que l'on nomme frise & corniche, pour n'y laisser qu'une simple architrave : & en voici la raison. C'est que la grande saillie des corniches n'a été imaginée que pour servir d'appui aux avances des toits, destinées à écarter du mur la chûte des eaux. Il est donc certain que toute corniche rappelle l'idée de toit, & conséquemment qu'elle ne doit avoir lieu qu'au plus haut étage. D'ailleurs la grande saillie des corniches tranche trop vivement, trouble l'harmonie, & n'offre plus que des parties séparées, d'où il ne résulte pas un tout. La colonne & l'entablement entier font un bâtiment complet. Si donc l'entablement est entier à tous les étages, ce seront plusieurs bâtimens complets élevés les uns au-dessus des autres. Au lieu que si chaque étage n'ayant qu'une simple architrave, l'entablement entier est réservé pour le dernier étage; alors il y aura liaison & unité, & les parties différentes composeront réellement un tout. La saillie des corniches a par elle-même de grandes incommodités. Les eaux séjournent dessus, & y font avec le temps les plus grands ravages. Il en résulte une pesanteur qui rend la construction ou essentiellement massive ou infailliblement ruineuse. Le nouveau portail de saint Sulpice ne prouve que trop évidemment la vérité que j'avance. Ce premier entablement dorique, dont la corniche a une saillie énorme, se trouve sujet à tous les inconvéniens dont je viens de parler. Les deux tours qui ont à chaque étage un entablement complet, ne ressemblent rien moins qu'à des tours; les deux corniches interrompent, séparent, défigurent le tout. Ainsi, quoique la pratique soit presque universellement contraire, il seroit à souhaiter quand on veut mettre ordre sur ordre, de terminer tous les ordres inférieurs par un simple architrave, qui, étant la représentation du plancher, marque très-naturellement la division des étages. Tout-au-plus seroit-il permis d'y ajoûter quelques membres de corniches comme un quart de rond, un réglet & une cimaife; afin de rapprocher un peu moins les bafes des colonnes fupérieures, des chapiteaux des inférieures.

2°. Il faut toûjours avoir foin de mettre au-deffous l'ordre le plus pefant, & au-deffus le plus léger. C'eft la nature qui dicte cette regle, & la pratique y eft généralement conforme. On peut donc, felon le befoin, faire des compofitions à deux, à trois, à quatre & même à cinq ordres d'Architecture. Mais enfin quand on fera parvenu au dernier, qui feul doit avoir fon entablement complet: je ne vois pas ce que peut fignifier l'addition ordinaire & furabondante d'un demi-étage fous le nom d'attique. Rien n'eft plus informe & plus défectueux dans fes proportions que cet attique. Il ne présente à l'esprit que l'idée peu noble de quelques lucarnes que l'on a percées dans le toit, puisqu'au dessus de la corniche il n'y a que le toit. Cet attique ne peut donc que déparer tout un édifice en le couronnant d'une maniere chétive & ignoble. La grande façade du Château de Versailles sur les jardins est à impatienter, à cause de ce misérable attique qui la termine d'un bout à l'autre. Il n'y avoit qu'à le retrancher, & mettre la balustrade immédiatement sur la corniche; l'œil & le goût auroient été satisfaits. Si l'on dit que sans attique une façade si longue n'auroit pas eu assez de hauteur; je réponds : Il n'y avoit qu'à ajoûter un second ordre au-dessus du premier, & on auroit eu toute la hauteur nécessaire.

3°. Toutes les fois qu'il y a plusieurs étages à un bâtiment, il faut autant
d'ordres

d'ordres d'Architecture qu'il y a d'étages ; parce que si un seul ordre d'Architecture renferme plusieurs étages, alors ces étages ne seront proprement que des entresoles, ce qui est miserable. Il n'y a que l'architrave qui donne l'idée de plancher, il faut donc pour chaque plancher une nouvelle architrave, & conséquemment un nouvel ordre d'Architecture. On a suivi littéralement cette regle pour les façades de la cour intérieure du Louvre, & pour celle du vieux Palais des Tuileries : mais on s'en est ridiculement écarté dans les pavillons ajoûtés à cet ancien Palais & dans le bâtiment en retour qui forme la grande gallerie sur la riviere. Il est bien singulier que voulant allonger la façade des Tuileries au moyen de ces pavillons, on ait affecté d'y employer une sorte d'Architecture, qui n'a aucun rapport avec celle de l'ancien bâtiment : il ne falloit qu'un peu de bon sens pour éviter un contraste si singulier & si révoltant. Il y a eu des Architectes, qui non contens de mettre deux étages sous un même ordre d'Architecture, ont poussé la folie jusqu'à mettre un petit ordre d'Architecture sous un plus grand. C'est comme si on bâtissoit une maison dans une autre. Le porche de l'Eglise de saint Pierre de Rome fournit cet exemple de mauvais goût, on le retrouve dans le grand jubé de l'Eglise de S. Sulpice, & en bien d'autres endroits encore.

4°. En mettant deux ordres l'un sur l'autre, il faut éviter les porte-à-faux qui sont de tous les vices le plus opposé au naturel. Il est donc nécessaire que les axes des colonnes supérieures & inférieures se répondent à plomb, & ne fassent qu'une même ligne perpendiculaire. On voit quelquefois une grosse colonne dans le bas qui en porte deux plus petites au-dessus, c'est une faute des plus grossieres ; il ne doit y avoir dans l'ordre supérieur ni plus, ni moins de colonnes que dans l'ordre inférieur. Ici je me vois contraint à m'élever contre les dômes, dont tant de gens paroissent amoureux. On dira en leur faveur tout ce que l'on voudra ; il sera toûjours vrai que c'est une chose monstrueuse de voir un péristyle entier de colonnes, porté sur quatre grandes arcades qui ne leur offrent qu'un fondement faux, parce qu'il est excavé. Tous les Architectes conviennent que le vuide doit être sur le vuide, & le plein sur le plein. Or les dômes avec ordre d'Architecture nous mettent toûjours le plein sur le vuide. Si l'on veut faire des dômes, qu'on les fasse autrement qu'ils ne font. Un Architecte donnera idée de son génie, s'il invente une maniere de les construire qui en conserve les agrémens, en évitant le défaut insupportable du porte-à-faux. Si la chose n'est pas possible, il vaut beaucoup mieux n'en point faire. Je dois encore remarquer que quand on fait des dômes, il faut qu'à l'extérieur il ne paroisse aucun toit : car il est souverainement ridicule de nous présenter une tour bâtie sur la charpente d'un toit. Le dôme de l'Eglise des Jesuites, rue saint Antoine, outre mille autres défauts, peche en ce point de la maniere la plus révoltante. En parlant des porte-à-faux, je ne dois pas oublier de combattre ces morceaux d'Architecture qui ne portent sur rien. Tels sont les colonnes en l'air soutenues par des consoles, des arcs qui ne sont supportés par aucun piédroit, & quantité d'autres hardiesses semblables qui n'éblouïssent que les sots. On me montroit un jour dans une Eglise un jubé planté sur trois arcades soutenues en l'air en forme de culs de lampe. On me dit : Voilà un morceau bien hardi. Cela est vrai, répondis-je : mais si votre Architecte, au lieu de ces effrayants culs de lampe, avoit fait votre jubé en plate-bande toute unie, son morceau n'auroit pas été moins hardi, & il auroit été plus naturel ; il auroit eu moins d'admirateurs, mais il en auroit eû de plus honorables. En un mot, tout ce qui est contre nature, peut être singulier : mais il ne sera jamais beau. Dans un édifice il faut que tout porte dès les fondemens. Voilà une regle dont il n'est jamais permis de s'écarter.

ARTICLE V.

Des Fenêtres & des Portes.

UN édifice à colonnes isolées qui portent un entablement, n'a besoin ni de portes ni de fenêtres : mais aussi, ouvert de toutes parts, il n'est pas habitable. La nécessité de se garantir des injures de l'air, & bien d'autres motifs plus intéressans encore nous obligent à remplir les entre-colonnemens, & dès lors il faut des portes & des fenêtres. Leur forme doit être déterminée par la commodité, & il feroit bien d'y joindre l'élégance. La forme quarrée est la plus simple & la plus commode, parce qu'alors les batans s'ouvrent avec une parfaite liberté, sans obliger à des arriere-voussures, dont le travail sent trop l'art & la contrainte, ou à des dormans qui sont aussi peu naturels. On s'imagine qu'en cintrant les portes & fenêtres par le haut, cela leur donne plus de grace. Mais qu'arrive-t-il? Ce cintre laisse de part & d'autre sur le nud du mur une figure irréguliere, c'est-à-dire, un triangle rectangle, dont les deux côtés sont rectilignes, & dont l'hypoténuse est curviligne. Ces sortes d'espaces irréguliers font toûjours un mauvais effet en Architecture. Ils obligent à y placer des ornemens bisarres, dont on ne sauroit rendre d'autre raison, sinon qu'ils y ont été mis pour couvrir un défaut. Il seroit bien mieux de l'éviter. Les portes à plein cintre doivent être réservées pour les Arcs-de-Triomphes, auxquels l'usage les a consacrées. Partout ailleurs elles grimacent. On a aujourd'hui la fureur des fenêtres à plein cintre. Je doute qu'on en trouvât des exemples dans les bons monumens de l'antiquité : mais elles font encore plus fupportables que les fenêtres bombées d'une portion d'arc extrémement furbaiffé. Ces fortes de fenêtres très-communes aujourd'hui ont prefque toutes les incommodités du plein cintre, & s'écartent bien davantage du naturel, par la grande irrégularité de leur forme.

Les fenêtres doivent toûjours être au-deffous de l'entablement. Si on les place au-deffus de la corniche, ce ne font plus que des lucarnes. C'eft une chofe déplorable dans prefque toutes nos Eglifes modernes, de n'y trouver d'autres jours que des lucarnes ainfi percées dans la voûte.

Les fenêtres fur une même ligne doivent avoir toutes la même forme, & on ne voit pas fur quoi fondée la bifarrerie de quelques Architectes qui ont pris à tâche de les varier.

Les fenêtres & les portes n'entrant qu'accidentellement dans la composition d'un ordre d'Architecture, ne doivent jamais empiéter sur les parties essentielles. Celui qui a mutilé l'architrave des gros pavillons collatéraux du Palais des Tuileries, pour donner aux fenêtres plus d'élévation, ne savoit pas son métier. M. Perrault s'est encore malheureusement oublié dans son superbe portique du Louvre, lorsqu'il a mis au bas une grande porte cintrée qui coupe le socle supérieur, sur lequel posent les colonnes.

Jusqu'ici j'ai parcouru toutes les parties nécessaires d'un ordre d'Architecture, & je n'ai point rencontré de niche en mon chemin. Qu'est-ce en effet qu'une niche? A quoi sert-elle? En vérité je n'en sai rien. Je ne crois pas que le bon sens puisse s'accommoder de voir une statue placée dans une fenêtre taillée en tour creuse. Mon antiphatie contre les niches est invincible; & jusqu'à ce qu'on m'en ait montré le principe & la nécessité, je ferai main-basse sur toutes celles qui se présenteront. Une statue n'est naturellement & élégamment placée que sur un piédestal. Pourquoi l'enfoncer dans le creux du mur, & en effacer par-là tous les contours? Je voudrois bien qu'on m'expliquât ce que signifient ces grandes consoles qui flanquent communément le haut des façades de nos Eglises. Les consoles ne peuvent représenter que les contre-forts ou arcs-boutans: objet désagréable qui sent trop la peine & le travail pour l'exposer aux yeux. Si on pouvoit effacer tous ces contre-forts là où ils sont d'une nécessité indispensable, on rendroit à l'Architecture un service signalé.

SUR L'ARCHITECTURE. 59

Je sens combien il est périlleux de s'élever contre des usages reçûs. Nos Artistes me voudront peut-être bien du mal, de ce que je viens les troubler dans la possession où ils sont de se permettre des libertés que je condamne. Mais je les prie de ne point sacrifier à des idées de prévention ou de paresse, des principes d'où dépend la véritable perfection de leur Art. Il leur en coûtera sans doute d'avoüer qu'ils se sont trompés : mais quand on est en état de bien faire comme ils le font, un pareil aveu, en humiliant un peu l'amour propre, ne sert qu'à encourager l'émulation. Il ne s'agit point ici d'obéir servilement à l'usage, ou de suivre aveuglément une routine : il s'agit d'examiner si mes idées sont justes, si elles n'ont pas une liaison nécessaire avec les principes dont tout le monde convient.

Je les ai exposés ces principes avec fidélité. J'ai tâché d'en tirer les conséquences nécessaires que j'ai établies pour regles. Je n'ai point exclus les exceptions qu'une vraie nécessité autorise ; je les ai admises comme des licences dont on peut user, pourvû que ce soit sobrement & d'une maniere judicieuse. J'ai traité hardiment de fautes, tout ce qui, n'ayant aucune liaison avec les principes, n'est d'ailleurs autorisé par aucun besoin. Voilà ma méthode. Si elle est mauvaise & qu'on puisse le prouver, je me ferai un devoir de la réformer.

Il s'ensuit, me dira-t-on, que nos plus grands Architectes ont commis les fautes les plus grossieres. Il n'en est aucun qui ne se soit écarté habituellement de la sévérité de vos regles ; & s'il falloit vous croire, ce que nous admirons comme des chef-d'œuvres seroit rempli de défauts.

J'avoue que l'objection est forte. Personne n'a moins d'envie que moi de flétrir la réputation des maîtres de l'Art. J'estime leurs talens, je respecte leur mémoire; j'ai pour eux tous la plus sincere vénération. Mais après tout ce seroit un préjugé aveugle, de croire que tout ce qu'ils ont fait, est bien; précisément parce qu'ils l'ont fait. En supposant qu'ils ont pû commettre des fautes, & qu'ils en ont commis en effet, je ne fais que reconnoître qu'ils étoient hommes. Si la sévérité des regles que je viens d'exposer, donne lieu à censurer leurs meilleurs ouvrages, qu'en arrivera-t-il? On ira plus loin qu'eux. L'Art se perfectionnera davantage. On imitera leurs beautés, on évitera leurs défauts. Des regles qui facilitent ce discernement, sont trop utiles pour les rejetter.

On m'objectera peut-être encore que

je réduis l'Architecture presque à rien ; puisqu'à la réserve des colonnes, des entablemens, des frontons, des portes & des fenêtres, je retranche à peu près tout le reste. Il est vrai que j'ôte à l'Architecture bien du superflu ; que je la dépouille de quantité de colifichets qui faisoient sa plus ordinaire parure ; que je ne lui laisse que son naturel & sa simplicité. Mais qu'on ne s'y trompe pas ; je n'ote rien à l'Architecte ni de son travail, ni de ses ressources. Je l'oblige à procéder toûjours simplement & naturellement, à ne présenter jamais rien qui sente l'art & la contrainte. Ceux qui sont au fait du métier, conviendront que bien loin de leur abréger le travail, je les condamne à une grande étude, & à une extraordinaire précision. Au sur plus je laisse à l'Architecte de très-grandes ressources. Avec le peu que je lui mets en main, s'il a du génie, & une légere teinture de Géométrie, il trouvera le secret de varier ses plans à l'infini, & de regagner par la diversité des formes, ce qu'il perd du côté des superfluités que je lui retranche. Il y a bien des siecles que l'on combine toujours différemment les sept tons de la musique : il s'en faut bien qu'on ait épuisé toutes les combinaisons, dont ils se trouvent susceptibles. J'en dis de même des parties qui sont la composition essentielle d'un ordre d'Architecture. Elles sont en petit nombre, & on peut sans y rien ajoûter, les combiner à l'infini. Savoir saisir ces combinaisons différentes, sources d'une agréable variété, c'est l'effet du génie. On ne s'attache à des hors-d'œuvre, que parce que le génie manque. On ne charge l'ouvrage, que parce qu'on n'a pas assez d'esprit pour le rendre simple.

On peut m'objecter enfin que plufieurs des regles que je donne, admirables dans la spéculation, deviennent impoſſibles dans la pratique : par exemple que de ſimples colonnes ſont des appuis trop foibles pour porter un édifice, & que les architraves en plate bande manquent de ſolidité. J'ai déja rapporté des exemples qui détruiſent totalement cette objection. Ce qui s'eſt fait, peut bien ſe faire encore. Qu'on étudie le portique du Louvre & les travées de la Chapelle de Verſailles, on verra diſparoître l'impoſſibilité. D'ailleurs pourquoi avance-t-on que des colonnes ſont des appuis trop foibles ? Ont-elles moins de force que les pilaſtres ? La force eſt-elle plutôt attachée à la figure quarrée, qu'à la figure ronde ? Les colonnes ont leur proportion marquée ſur des principes de ſolidité. Dès qu'elles ſeront bien à plomb, elles porteront

teront sans effort tout ce qu'elles doivent porter. Pourquoi avance-t-on que les architraves en plate bande sont ruineuses ? Elles le seront, si on donne aux entre-colonnemens une largeur contre les regles. Elles le seront, si contre les regles encore, on les charge d'un massif de mur. Mais si les entre-colonnemens sont bien espacés, si on ne met au-dessus des architraves que ce qu'il doit y avoir, frise & corniche tout-au-plus avec une legere balustrade d'appui ; il n'y aura jamais rien à craindre. C'est le nud du mur qui fait toutes les charges surabondantes. C'est aussi le nud du mur qui ôte à l'Architecture toute sa grace. Moins il en paroîtra, plus l'ouvrage sera beau ; & s'il n'en paroît rien du tout, l'ouvrage sera parfait.

CHAPITRE SECOND.

Des différens ordres d'Architecture.

LE nombre des ordres d'Architecture n'eſt pas abſolument fixé. Les Grecs n'en ont connu que trois. Les Romains en ont compté juſqu'à cinq, & nos François auroient bien voulu y en ajoûter un ſixieme. Comme c'eſt ici une affaire de goût & de génie, il paroît naturel de laiſſer aux Artiſtes une entiere liberté à cet égard. Nous ne ſommes pas de pire condition que les Grecs & les Romains. Puiſque les premiers ont inventé trois ordres d'Architecture, & que les ſeconds ont prétendu en ajoûter deux autres de leur façon ; pourquoi ne nous feroit-il pas permis de nous frayer des routes nouvelles à leur exemple. Il est certain que nous en avons le droit, & pourvû que nous en usions avec autant de succès que les Grecs, nous mériterons de partager en ce point leur véritable gloire. Le fait est que jusqu'à present tous nos efforts n'ont abouti à aucune invention réelle. Peut-être verrons-nous un jour quelque heureux génie prendre l'essor, & nous mener par des voies inconnues à la découverte de plus d'une beauté qui aura échappé aux Anciens. Espérons tout des liberalités de la nature, qui vraisemblablement n'a pas encore distribué tous ses dons.

En prenant les choses dans leur position actuelle, il me semble que nous n'avons proprement que trois ordres d'Architecture, le dorique, l'ionique & le corinthien. Ils sont les seuls où l'on remarque de l'invention, & un caractere

E ij

spécial ; tandis que le toscan & le composite n'ont rien que d'emprunté, & ne different des précédens que d'une maniere très-accidentelle. Le toscan n'est qu'un dorique grossier, & le composite un mélange assez agréable de l'ionique & du corinthien. Il est donc vrai que l'Architecture n'a que de médiocres obligations aux Romains, & qu'elle doit aux seuls Grecs tout ce qu'elle a de précieux & de solide. Je ne parlerai point ici des ordres gothique & arabesque ou moresque qui ont régné trop long-temps. Ils n'ont de remarquable, l'un que son excessive pesanteur, l'autre que son excessive legéreté. Il y a dans tous les deux si peu d'invention, de goût & d'exactitude, qu'on ne les regarde plus que comme des preuves subsistantes de la barbarie qui a rempli l'espace de plus de dix siecles. Depuis la renaissance des beaux

Arts, nos Architectes ont eu la noble ambition d'immortalifer le nom françois par quelque invention nouvelle en Architecture. Philibert de l'Orme eft celui qui a fait le plus d'effort pour pénétrer au de-là des bornes, où jufqu'à lui on s'étoit conftamment arrêté. Il a voulu nous donner un ordre françois : mais, quoiqu'il fût d'ailleurs très-habile homme, & peut-être plus habile qu'aucun de ceux qui l'ont fuivi; il a montré dans l'exécution de fon projet une grande ftérilité de génie. Tout s'eft réduit à un nouveau compofite affez mal entendu pour qu'on l'ait généralement abandonné. Il y a long temps que l'on remarque que l'invention n'eft pas notre fait. Nous valons mieux pour perfectionner les inventions des autres, & enchérir fur elles.

Quoi qu'il en foit : trois ordres feuls font

nos vraies richesses. Le dorique est le premier & le plus pesant. Destiné aux ouvrages qui demandent beaucoup de solidité, on en a réglé les proportions de maniere à lui donner la plus grande force possible, sans en bannir la délicatesse. Le corinthien est le dernier & le plus léger. Destiné aux ouvrages qui exigent beaucoup d'élégance, on en a réglé les proportions de maniere à lui donner la plus grande délicatesse possible, sans en exclurre la force. L'ionique tient le milieu. Il n'a ni toute la solidité du dorique, ni toute la délicatesse du corinthien. Il participe de l'un & de l'autre. Ces trois ordres ainsi entendus semblent remplir toute l'étendue de l'Art, en suffisant à tous nos besoins & à tous nos goûts. Le dorique & le corinthien sont deux extrèmes au de-là desquels on ne peut aller sans rencontrer d'un côté le massif, de l'autre le fragile.

Entre ces deux extrèmes l'ionique nous donne un juste & heureux milieu. Voilà toute la gradation du solide au délicat ingénieusement remplie. Il sera donc toûjours extrèmement difficile d'ajoûter quelque chose à une si heureuse invention.

ARTICLE I.

De ce que tous les ordres d'Architecture ont de commun.

Dans tous les ordres d'Architecture, la colonne est composée de trois parties, de la base, de la tige & du chapiteau. Les piédestaux ont été proscrits dans le Chapitre précédent. Leur sort a été décidé une fois pour toutes. Ils serviront donc à porter des statues, & jamais à porter des colonnes. Il n'en est pas de même de la base, qui, dans aucun ordre, ne doit être retranchée ; parce qu'elle fortifie la colonne par le bas, & en augmente la solidité ; parce qu'elle rend plus sensible le bel effet de la diminution & du congé de la colonne. Il n'y a plus de prétexte qui puisse en rendre l'usage arbitraire, dès que les raisons de solidité & d'agrément en justifient l'emploi ; l'ordre dorique est le seul, qui, dans l'origine, ait eu des colonnes sans base. On ne voit point de base dans le théatre de Marcellus où cet ordre est exécuté. Vitruve lui-même ne donne point de base à la colonne dorique. Toutes ces autorités sont bien foibles contre les motifs qui rendent la base nécessaire dans tous les ordres. Ces motifs ont pour eux l'usage presque universel des Architectes anciens & modernes qui ont affecté à l'ordre dorique la base atticurge, comme les deux autres ordres ont chacun la leur.

Dans tous les ordres d'Architecture, l'entablement est divisé en architrave frise & corniche. De ces trois parties il n'y a que l'architrave qui puisse & qui doive être employée seul, lorsqu'il y a différens étages d'Architecture. La frise & la corniche ne peuvent jamais être employées que conjointement entre elles & avec l'architrave. C'est-à-dire, que toutes les fois qu'on met frise ou corniche, il faut l'entablement entier. Bien des Architectes quand ils se sont vû gênés pour l'élévation, se sont donné la liberté de supprimer la frise, & de réunir la corniche à l'architrave. Cette faute a été commise bien hardiment dans l'immense édifice de l'Abbaye de Premontré, qui n'a pour lui que son étendue, & qui est d'ailleurs un chef-d'œuvre de mauvais goût. Je dis que c'est là une très-grande faute, parce que l'entablement n'a plus ses proportions ; parce que la frise a été naturellement introduite, pour marquer un intervalle entre les pieces qui composent le plancher, & celles qui forment la charpente. On ne peut donc supprimer la frise sans pécher contre les regles. Cette supression faisant certainement un très-mauvais effet, n'annonce qu'un Architecte qui a mal pris ses dimensions. Il se présente ici une autre question que bien des gens n'ont osé décider. On demande si au-dessous du fronton, on doit laisser l'entablement entier. Dans la pratique je vois qu'on suit assez indifféremment le pour & le contre. Si l'on consulte les vrais principes, la corniche qui est essentiellement affectée au toit, sera toujours retranchée de l'entablement qui est au-dessous du fronton. De-là il résultera plusieurs bons effets. 1°. Il n'y aura de représentation de toit que là où se trouve le toit véritable. 2°. Le timpan du fronton ne fera plus effacé par la grande faillie de la corniche inférieure. 3°. On évitera le concours des deux corniches faisant un angle très-aigu dans les deux extrémités du fronton, concours tout-à-fait désagréable.

Dans tous les ordres d'Architecture, il y a deux fortes de moulures qui servent à tous les ornemens, les moulures quarrées, & les moulures rondes. Les premieres ont par elles-mêmes quelque chose de dur & de sec: les secondes ont beaucoup de douceur & de grace. Lorsque ces moulures se trouvent assorties, mélangées avec goût, il en résulte beaucoup d'agrément. Quel est donc le véritable goût de ce mélange ou assortiment? Une comparaison que je hasarde, va éclaircir ce myftere. Les moulures rondes font en Architecture ce que font en harmonie les accords confonans, & les moulures quarrées répondent aux accords diffonans. Le mêlange des uns & des autres a le même objet, & doit fuivre les mêmes regles. L'aigreur des diffonances eft un artifice qu'un fage compofiteur doit employer, afin d'augmenter par le contrafte l'impreffion délicieufe de l'accord confonant. Une mufique deviendroit fade & infipide fi de temps en temps la diffonance ne s'y faifoit pas fentir; elle écorcheroit les oreilles, fi la diffonance y étoit prodiguée; de-là la regle de n'employer aucune diffonance qui ne foit préparée & fauvée par un accord confonant. Appliquons ceci à l'Architecture dont les ornemens ont une harmonie qui leur eft propre. Les moulures rondes en font toute la douceur, & les moulures quarrées la dureté. Afin donc de rendre cette harmonie parfaite, il faut que la dureté des moulures quarrées interrompe de temps en temps la molleſſe des moulures rondes qui pourroit dégénérer en fadeur : mais il eſt plus eſſentiel encore que la molleſſe de celles-ci vienne toûjours corriger la dureté de celles-là. Préparons & ſauvons la diſſonance, c'eſt-à-dire, que toute moulure quarrée ſoit toûjours précédée & ſuivie d'une moulure ronde. Alors l'ouvrage n'aura rien de ſec, & l'enſemble ſera un enchantement pour les yeux.

Dans tous les ordres d'Architecture, chaque membre particulier eſt un champ ſur lequel la Sculpture peut s'exercer. Mais en ceci comme en tout le reſte, il faut éviter la confuſion & l'excès. La Sculpture eſt aux bâtimens ce que la broderie eſt aux habits. Quand la broderie eſt légere, & qu'elle laiſſe paroître ſuffiſamment le fond, elle n'en a que plus d'éclat, & devient une parure vraiment noble; parce qu'elle conserve un caractere de simplicité. Si au contraire la broderie est chargée & confuse, elle n'a plus d'autre mérite que celui de la richesse & du travail. On dit en voyant un habit ainsi chamarré : Voilà qui a dû coûter des sommes immenses, mais voilà qui n'est point beau. La Sculpture dans les bâtimens demande la même sobriété. Si on n'a soin de l'y répandre avec économie & sans confusion, on aura beaucoup dépensé pour ne rien faire qui vaille. Qu'on se garde donc bien de scuplter généralement tous les membres d'un ordre d'Architecture. Il faut des intervalles & des repos. Si l'on veut enrichir l'ouvrage & l'enrichir sagement, on ne taillera jamais deux membres de suite : mais il y en aura toûjours n sans Sculpture qui servira de fond au membre sculpté. Si l'on ne sait pas se renfermer dans ces justes bornes, on donnera dans le colifichet.

ARTICLE II.

De l'ordre dorique.

L'Ordre dorique aura toûjours la prédilection des Architectes qui aiment à signaler leur habileté en s'engageant dans les voies difficiles & épineuses. Il a des contraintes & des servitudes dont nul autre n'approche. Aussi rarement le trouve-t-on exécuté avec exactitude. Ce qui fait la grande difficulté de cet ordre, c'est le mêlange alternatif des triglifs & des métopes qui décorent sa frise. Les triglifs doivent toûjours avoir la forme d'un quarré long, & les métopes celle d'un quarré parfait. Cette division est

extrèmement gênante, parce qu'il en résulte 1°. Qu'on ne peut jamais accoupler les colonnes dans l'ordre dorique. Il faudroit pour les accoupler, ou que les bafes & même les chapiteaux des colonnes fe pénétraffent l'un l'autre, ou que la métope qui fe rencontreroit entre les deux colonnes accouplées, fût beaucoup plus large que haute; deux fautes qui ne doivent jamais fe tolérer. 2°. Qu'on ne fait plus comment fe tirer d'affaire dans les angles rentrans. On ne peut éviter l'un de ces deux inconvéniens, ou de plier un triglif en mutilant les deux métopes voifines, ou de joindre deux métopes enfemble fans aucun triglif intermédiaire. Jufqu'ici les ignorans n'ont point été arrêtés par ces deux difficultés, parce qu'ils n'ont point fenti les inconvéniens dont je parle. Nous ne manquons pas d'édifices où l'ordre
dorique

dorique est employé : mais il n'en est aucun où l'on ne trouve ou des triglifs pliés, ou des demi-triglifs, ou des métopes mutilées, ou des métopes beaucoup plus larges que hautes. L'église du noviciat des Jesuites, rue pot-de-fer, que l'on met avec raison au nombre de nos édifices les moins défectueux, cette église est elle-même dans le cas. Je ne parle point de celle de S. Roch beaucoup plus recente, & où de pareilles fautes sont commises avec beaucoup de liberté. On me dira peut-être que puisque ces fautes sont inévitables, on ne doit pas en faire un crime à ceux qui les commettent. Je réponds que s'il y a des occasions où ces fautes sont absolument inévitables, un habile Architecte doit éviter scrupuleusement ces dangereuses occasions. Il n'y a que l'angle rentrant qui peut souffrir quelque licence; parce qu'enfin dans

F

quelque édifice que ce soit, il est comme impossible qu'il ne se rencontre quelque angle pareil. Alors de deux défauts il faut choisir le moindre; celui qui se rapproche davantage du naturel. Je crois qu'il vaudroit beaucoup mieux s'en tenir en pareil cas à la rencontre de deux métopes quarrées, que d'y laisser paroître un triglif plié ou un demi-triglif.

Quand il s'agira donc d'employer l'ordre dorique, il faudra que l'Architecte plein de la difficulté de l'entreprise, s'arme de beaucoup de constance pour étudier avec précision cette embarrassante, cette périlleuse division de triglifs & de métopes. Comme l'exécution ne peut être exacte sans être infiniment laborieuse, le succès n'en sera que plus glorieux.

La colonne dorique a la plus belle & la plus parfaite des bases. C'est la base attique ou atticurge. Ses deux tores de module différent réunis par une scotie, font un très-bel effet ; parce que la solidité s'y trouve jointe à l'agrément. Delà vient que les Architectes ne font pas difficulté d'emprunter de l'ordre dorique sa belle base, pour la rendre commune à tous les autres ordres. On ne peut les blâmer d'en user ainsi ; & il sera toûjours permis de prendre dans un ordre ce qu'il y a d'excellent, & de le transporter dans un autre, pourvû qu'on ne touche jamais aux parties qui caractérisent l'ordre essentiellement ; car alors ce seroit confondre deux ordres dans un. Cette liberté avec les bornes que je lui prescris, n'a rien de contraire au véritable esprit de l'Art ; elle peut même servir beaucoup à sa perfection.

Le chapiteau dorique est le plus simple & le moins élégant de tous les chapiteaux. Un tailloir quarré, un ove soûtenu de trois armilles, ou mieux encore d'un aftragale & fon filet, fuivis d'un membre uni qu'on nomme gorge, en font toutes les richeffes. Rien de moins faftueux, rien même de plus fec & de plus pauvre. Ce chapiteau eft cependant une des parties qui caractérifent effentiellement l'ordre dorique, & on ne peut lui en fubftituer un autre fans altérer, & corrompre entierement le caractere de l'ordre.

L'entablement dorique a fes beautés & fes défauts. Les beautés de cet entablement confiftent dans la divifion continue de la frife en triglifs & métopes. On ne peut difconvenir que cet affortiment ne foit agréable & féduifant; fur-tout lorfque les métopes font ornées de bas-reliefs choifis avec difcernement & deffinés avec propreté. L'agrément des triglifs est encore augmenté par les mutules qui les couronnent, & qui sont attachés sous la sofite. Les défauts de cet entablement sont sa dureté & sa pesanteur. Sa dureté, parce que les moulures quarrées y sont très-multipliées, & que les moulures rondes y sont fort rares. Sa pesanteur, parce que le larmier de la corniche a une saillie très-grande. Son large plat-fond appesanti par d'énormes moulures qui n'ont aucun soûtien, semble continuellement menacer ruine. L'œil est blessé, l'imagination est fatiguée de voir ces larges quartiers de pierre, élancés au milieu des airs. Tous ces défauts qui sont grands, se trouvent ingénieusement compensés par l'effet singulier qui résulte de la combinaison des triglifs & des métopes. Cet effet a quelque chose de si frappant qu'il absorbe presque toute l'attention, & qu'on passe tout le reste en faveur d'une invention si heureuse.

Examinons cet entablement dans le détail. Son architrave est très-simple, il n'y a de remarquable que les gouttes pendantes au bas des triglifs. Le bon usage veut que ces gouttes soient toûjours en forme de pyramide quarrée, & on regarde comme un abus de leur donner une forme sphérique. Ici c'est le seul jugement des yeux qui nous guide, & je ne sai pourquoi ces gouttes en pyramide quarrée font un meilleur effet que les goutes sphériques. La frise de cet entablement est le plus bel endroit de tout l'ordre. Il doit toûjours y avoir un triglif répondant exactement à l'axe de chaque colonne, parce que ces triglifs font la représentation du bout des poutres, ou peut-être mieux encore des solives, & qu'il est naturel que ces bouts portent sur les appuis. Le bon usage veut aussi que les triglifs soient en nombre impair dans les entre-colonnemens. Dans la pratique ordinaire on se gêne fort peu sur ce dernier article : mais c'est une négligence, & on ne doit s'en permettre aucune, quand on aspire à la vraie perfection. Dans les angles saillans, on ne peut éviter de mettre une demi-métope des deux côtés de l'angle. Le bon usage veut que si les métopes sont ornées de bas-reliefs, les demi-métopes de l'angle saillant demeurent unies, afin de ne pas offrir le spectacle d'un bas-relief plié. Pour la corniche je n'ai qu'une remarque à faire. C'est que le plat-fond du larmier est sujet aux mêmes servitudes que la frise, parce qu'il est divisé en mutules & en losanges. Les mutules doivent être ornés chacun de trente six gouttes rondes en forme de petits cones. Les losanges peuvent être ornés de sculpture. Ici les angles seront toûjours embarrassans. Dans les angles rentrans, il n'y aura aucune difficulté si l'on s'en tient à ce que j'ai marqué ci-dessus : mais dans les angles saillans l'entre-deux des mutules auprès de l'angle, sera un espace plus long que large des deux côtés. Le bon usage veut donc qu'au-dessus des deux demi-métopes de l'angle saillant, il y ait dans le plat-fond du larmier un quarré long de chaque côté, afin que l'espace restant dans l'angle devienne un quarré parfait, & serve de champ à la losange.

Je n'entrerai point dans le détail des proportions, on les trouvera marquées avec beaucoup de clarté & d'exactitude dans le Traité d'Architecture de M. de Cordemoi, ou dans le Vitruve de M. Perrault. Je renvoie à ces auteurs pour les proportions & le détail de chacun des ordres, mon deſſein étant d'obſerver ſeulement ce qui peut intéreſſer le goût dans chacun d'eux.

Bien des Architectes ont ſenti l'inconvénient de la corniche dorique, & quelques-uns ont pris le parti de lui ſubſtituer la corniche ionique, ou d'en imaginer une de fantaiſie qui eût moins de ſaillie & de peſanteur. Le F. Martel-Ange dans ſon égliſe du Noviciat des Jeſuites en a donné l'exemple. Je n'ai garde de condamner un affranchiſſement des regles qui eſt ſi raiſonnable : mais alors un pareil ſyſtème d'Architecture n'eſt plus à proprement parler d'ordre dorique. Il devient une eſpece de compoſite, dont je parlerai plus bas.

ARTICLE III.

De l'Ordre Ionique.

L'Ordre ionique plus léger & plus délicat que le précédent, quoiqu'il n'ait pas d'ailleurs des perfections bien relevées, a l'avantage d'être presque sans défaut. Ce n'est plus ce je ne sai quoi de ferme & de mâle qui distingue l'ordre dorique, ce n'est point encore cette richesse, cette magnificence qui est le propre de l'ordre corinthien. C'est une de ces beautés médiocres, dont les traits ni trop grossiers ni trop fins, plaisent par leur régularité : ils n'ont rien de frappant ni en bien ni en mal ; mais il y regne un accord si exact, & une douceur si piquante, que sans avoir le don de surprendre & d'enchanter, ils n'en ont peut-être que plus sûrement celui d'intéresser & de plaire. Le mérite essentiel de l'ordre ionique consiste donc dans une certaine médiocrité d'agrément, dont le charme n'est altéré par aucune imperfection trop sensible. Entrons dans le détail.

Vitruve a donné à l'ordre ionique une base, qui, selon moi & bien d'autres, est l'unique chose qu'il en faille retrancher. Cette base est informe, & blesse ouvertement les vrais principes de la nature. Ce grand tore qui n'a pour appui que deux foibles scoties interrompues par deux légers astragales, est horriblement défectueux. En bonnes regles, le plus pesant doit toûjours être au-dessous & le plus léger au-dessus. Ici cet ordre naturel est renversé, & conséquemment la solidité en souffre. Cette base bien loin d'avoir sa diminution par le haut, est au contraire diminuée par le bas. Plus étroite auprès de son plinthe, elle s'élargit monstrueusement du côté par où elle se joint au fût de la colonne. Ces défauts qui sont réels & éclatans, ont engagé la plûpart des Architectes anciens & modernes à proscrire cette base ionique de Vitruve, pour lui substituer la belle base attique dont nous avons parlé dans l'article précédent; & leur exemple en ce point ne peut être trop fidelement imité.

Le chapiteau ionique est la partie de tout l'ordre où il regne plus d'invention, & qui en marque plus vivement le caractere. Un astragale, un ove, une écorce qui se replie en volute par les deux extrémités, & qui est surmontée d'un talon & d'un tailloir quarré en font toutes les richesses. La grande beauté de ce chapiteau vient des deux volutes qui le cantonent d'une maniere infiniment gracieuse. Autrefois ce chapiteau n'avoit que deux de ses faces paralleles ornées de volutes. Les deux autres faces étoient ornées de deux balustres réunis par une pome intermédiaire que l'on nomme ceinture ou baudrier. Cette diversité de faces n'avoit aucun inconvénient, tandis que les faces à volutes se présentoient de front: mais au premier angle saillant, au premier retour du portique, le chapiteau de la colonne angulaire ne pouvoit manquer de présenter de front sa face à balustres, d'où il résultoit deux inconvéniens inévitables. Il falloit ou que les chapiteaux de toute une rangée de colonnes présentassent de front leurs faces à balustres, ce qui ne sauroit faire qu'un très-mauvais effet, ou que les chapiteaux des deux colonnes angulaires présentassent une face différente de tous les autres chapiteaux, ce qui se pratiquoit plus ordinairement, quoique cela ne pût manquer de grimacer d'une maniere étrange. Les Anciens n'ont point connu le moyen d'obvier à cet inconvénient du chapiteau ionique. Nous avons l'obligation à Scamozzi d'avoir perfectionné cet agréable chapiteau. Il a inventé d'en faire les quatre faces pareilles & toutes à volutes. Dès-lors ce chapiteau n'a plus eu aucune incommodité. Les Modernes ont encore perfectionné l'invention de Scamozzi qui avoit conservé le tailloir quarré, & qui avoit laissé l'épaisseur que fait la jonction des volutes égale partout. Les Modernes ont imaginé de faire cette épaisseur, de maniere qu'elle aille toûjours en s'élargissant par-dessous; ils ont aussi échancré & courbé le tailloir en lui faisant suivre l'inflexion des faces des volutes. Ce chapiteau ainsi travaillé a toute la grace poffible, & je ne vois pas qu'on puiffe déformais ajoûter quelque chofe à fa perfection.

L'entablement ionique répond à l'élégante fimplicité de tout le refte. Son architrave eft divifée en trois faces chacune de hauteur différente : on commence par la plus petite, & on finit par la plus grande qui eft agréablement couronnée d'un talon. La frife eft communément toute unie, elle peut auffi être taillée en fculpture, felon que la bienféance demande que l'ordre foit plus ou moins enrichi. La corniche eft charmante, elle n'a qu'une médiocre faillie ; & cette faillie eft encore fi naturellement effacée par les membres qui foûtiennent le larmier qu'elle n'a rien de périlleux, rien de tranchant. Elle eft compofée d'un talon, d'un denticule, d'un aftragale, d'un ove, d'un larmier, d'un talon & d'une doucine. Ici peu de membres quarrés, & par conséquent point de dureté, point de fechereffe. Les diffonances font rares, elles font exactement préparées & fauvées, & par conséquent il regne dans le tout une harmonie tendre.

Il eft à remarquer que dans la corniche il y a deux membres qui caractérifent effentiellement l'ordre ionique. Le premier c'eft le denticule toûjours taillé en dents, le fecond c'eft le larmier dont la fofite eft creufe.

La corniche ionique eft fans comparaifon la mieux prife & la plus avantageufe de toutes. Elle n'a que des ornemens fimples : mais elle eft d'ailleurs d'une légereté, d'une commodité, d'un accord qui la rend à bien des égards préférable à toutes les autres. Auffi les bons Architectes ne manquent prefque jamais d'en faire choix, lorfqu'ils fe

trouvent

trouvent trop gênés par les incommodités des autres corniches, & qu'ils ont des motifs capables d'excuser, de justifier même cette licence.

ARTICLE IV.

De l'Ordre Corinthien.

ENfin nous voilà parvenus à ce que l'Architecture a jamais produit de plus grand, de plus augufte, de plus fublime. L'ordre corinthien forme un de ces fpectacles frappans, dont le fimple coup d'œil faifit, & enleve l'ame hors d'elle-même. Il eft réfervé à cet ordre bien exécuté de faire les grandes impreffions par la nobleffe de fon caractere, & la grande maniere de fes ornemens. Les Poëtes n'ont connu que trois graces : nos trois ordres d'Architecture ont chacun la leur. La simplicité est le partage de l'ordre dorique, la gentillesse distingue l'ionique, les graces nobles sont pour l'ordre corinthien.

Vitruve donne à cet ordre une base moins vicieuse à la vérité que la base ionique, mais qui a encore de grandes imperfections. C'est la base ionique augmentée d'un grand tore immédiatement au-dessus du plinthe. Le grand défaut de cette base, c'est qu'elle est de beaucoup trop délicate, qu'elle manque d'un certain air de solidité si convenable & si nécessaire à toute base. Les moulures en sont si fines, qu'au moindre effort elles doivent se briser. Revenons-en donc encore à notre charmante base attique, qui seule est exempte de tous les défauts, & dont l'invention est infiniment sensée.

Le chapiteau corinthien est un chef-d'œuvre, & c'est sur-tout par cet endroit que l'ordre corinthien est sensiblement au-dessus de tous les autres. Il a une grace parfaite, & il est de la plus grande richesse. C'est un grand vase rond couvert d'un tailloir recourbé sur les quatre faces. Le vase est couvert dans le bas de deux rangs de feuilles, dont les courbures ont une médiocre saillie. Du sein de ces feuilles sortent des tigettes ou caulicoles qui vont former de petites volutes sur les coins du tailloir, & sur les quatre milieux. Tout est admirable dans cette composition : ce vase qui sert de champ sur lequel les feuilles sont artistement disposées ; les courbures de ces feuilles, dont la saillie va par gradation ; les tigettes qui s'élevent naturellement, & dont la flexibilité semble se prêter au dessein de l'ouvrier qui les plie en volutes, pour donner à la saillie du tailloir un appui des plus élégans. Il regne dans tout cet assortiment une douceur, une harmonie, un naturel, une variété, une grace qu'en vain voudrois-je exprimer, & que le goût seul peut faire sentir. M. de Cordemoi condamne avec raison l'usage qui a prévalu parmi nos Architectes, de préférer pour le chapiteau corinthien les feuilles de laurier & d'olivier aux feuilles d'acanthe, & de réserver ces dernieres pour le chapiteau composite. Je ne saurois comprendre sur quoi cet usage est fondé, si ce n'est sur un aveugle caprice. La feuille d'acanthe fournit naturellement tous les contours, & toutes les courbures qui conviennent aux feuilles du chapiteau corinthien. Cette plante pousse avec ses feuilles des tiges tendres qui donnent très-naïvement les caulicoles du chapiteau ; & dont ces caulicoles avec les volutes qui les suivent, ont été originairement l'expression. Tout le monde fait l'histoire du Sculpteur Callimaque. La premiere idée du chapiteau corinthien lui est venue du hasard qui lui fit découvrir un vase, autour duquel une plante d'acanthe avoit négligemment élevé son feuillage & ses tiges. Pourquoi nous faisons-nous un plaisir de corrompre la plus heureuse idée qui fut jamais. Les petites feuilles de laurier ou d'olivier ne peuvent que forcément se prêter par leur assemblage à la composition du chapiteau corinthien. Les substituer aux grandes & larges feuilles d'acanthe, c'est quitter le naturel pour courir après le frivole, c'est rendre une grande pensée par une expression foible & puérile.

L'entablement corinthien a beaucoup de ressemblance avec l'ionique : mais les ornemens y sont plus multipliés, & la corniche n'en est pas à beaucoup près si parfaite. L'architrave est divisée en trois faces d'inégale hauteur comme dans l'ionique : mais chacune de ces faces a une moulure qui la décore, la premiere est couronnée d'un astragale, la seconde d'un talon, la troisieme de ces deux moulures ensemble. Cette architrave est la plus parfaite de toutes. Rien n'y est dur, & tout y va par gradation. La frise peut être ou toute simple, ou servir de champ à un grand morceau de sculpture, en cela elle est parfaitement semblable à la frise ionique. La corniche est composée d'un talon, d'un denticule qui ne doit jamais être taillé en dents, d'un astragale, d'une échine ou ove, des modillons avec leur arriere-corps couronnés d'un talon, d'un larmier, d'un talon & d'une doucine. La composition de cette corniche est sans dureté. Les moulures quarrées y sont toûjours précédées & suivies d'une moulure ronde. Le seul inconvénient de cette corniche c'est sa grande saillie. Le plat-fond du larmier est presque aussi pesant que celui de l'ordre dorique. J'avoue que ce plat-fond est joliment historié par le mélange des modillons & des caisses quarrées que l'on remplit par une rose sculptée ou rosace : mais enfin c'est toûjours un vrai plat-fond, dont les modillons qui le soûtiennent, masquent un peu, & annoncent toûjours trop le périlleux élancement. La doucine qui couronne ce large plat-fond, augmente encore la saillie de la corniche entiere. Aussi plusieurs Architectes ont pris le parti de supprimer cette doucine, lorsque leur ordre corinthien étoit d'un très-grand module. Cette suppression est devenue nécessaire pour éviter l'excessive charge ; mais alors la corniche ainsi mutilée n'a plus eu ses proportions : terminée par un larmier couronné d'un simple talon, elle a perdu une grande partie de ses graces, & son couronnement est demeuré trop chétif & trop plat. Je remarque à dessein tous les inconvéniens qui se rencontrent dans la composition de tous les ordres d'Architecture, quoiqu'on en suive exactement les regles; afin que l'on se persuade que ce bel Art n'a point encore reçû toute la perfection dont il est susceptible, & que cette réflexion engage les habiles gens à faire usage de leurs talens pour son entiere perfection. C'est un objet que les Académies d'Architecture doivent avoir en vûe; & il seroit bon de proposer des récompenses à ceux qui imagineroient des moyens de faire disparoître les défauts dont je parle, sans toucher aux vraies beautés. Bien des gens parmi nous auroient eu assez de génie pour en venir à bout, s'il leur fût seulement venu en pensée que c'étoit un service à nous rendre. On s'est trop borné à imiter les Anciens, il auroit fallu s'attacher aussi à pousser jusqu'à leur dernier terme des idées que souvent ils n'ont pas assez approfondies, ou par paresse ou par défaut d'intelligence.

En attendant que mes vœux à cet égard soient remplis, j'observerai que les modillons doivent être tellement disposés qu'il y en ait toûjours un qui réponde au milieu de chaque colonne. On ne taille point le denticule dans l'ordre corinthien à cause des modillons qui sont au-dessus. Tout le monde en sait la raison tirée des regles de charpenterie. La pluspart des Architectes s'affranchissent dans la pratique de cette contrainte. Vraisemblablement ils pensent rendre leurs ouvrages plus beaux en multipliant & en confondant tous les ornemens. Au sujet des modillons, on fait la position singuliere qu'ils ont à la Maison-Quarrée de Nismes, où ils sont mis à contre-sens. Quoique cet édifice soit un des plus précieux restes de la bonne antiquité, il faut bien se garder d'en copier ce défaut qui est sensiblement contre nature. Cet exemple est une nouvelle preuve que les Anciens n'ont pas été toûjours & en tout des modeles sûrs.

De tout ce que je viens de dire, il est facile d'inférer que chacun des trois ordres a son caractere à part ; & que quoiqu'il y ait entre leurs parties principales une grande ressemblance, ils différent entre eux par des endroits très-marqués. Outre les proportions dont je ne parle point; ils ont chacun leur chapiteau & leurs entablemens propres, sans compter leurs bases qui absolument parlant peuvent être différentes. On doit être très-fidele dans la pratique à rechercher ces différences, & à ne pas confondre ces propriétés; rien ne marqueroit davantage l'ignorance & la mal-habileté d'un Architecte, à moins que ce ne soit pour faire une sorte de composite, dont je vais parler dans l'Article suivant.

ARTICLE V.

Des différentes sortes de Composites.

IL a toûjours été libre aux Architectes à qui l'invention manque, de varier leurs ouvrages par des compositions de fantaisie. Les trois ordres d'Architecture font un fonds dans lequel il peuvent puiser, pour faire des richesses qu'il renferme mille diverses combinaisons, fruits de leur goût & de leur génie. Les Romains ont usé de cette liberté, non-seulement pour le composite dont Vitruve nous a laissé les proportions & les caracteres, mais pour bien d'autres encore dont il nous reste des traces dans les anciens monumens. Ils n'ont pas toûjours été fort heureux dans ces sortes de combinaisons arbitraires. Je me souviens d'avoir vû dans les antiquités découvertes depuis peu d'années à la fontaine de Nismes des fragmens de corniche extraordinairement bisarres. Il suffira de dire qu'on y voit deux larmiers très-distincts avec deux rangs de denticules & de modillons l'un sur l'autre. Cette répétition est d'un mauvais goût qui a peu d'exemples.

Ceux de nos Architectes qui voudront faire des composites de génie, doivent être extrèmement attentifs à en assortir les membres, de maniere que rien n'y choque le bon sens, & en s'assujettissant toûjours aux regles communes, pour que l'agrément s'y trouve joint à la solidité. Le composite de Vitruve peut servir de modele en ce genre. On y verra comment on peut s'accommoder des parties essentielles à chacun des ordres, pour en faire un tout nouveau qui acquerre un caractere propre. Ce composite a pourtant encore des défauts que nous remarquerons avec soin, afin qu'on les évite.

Le composite de Vitruve a la même base que le corinthien. Son chapiteau a de grandes ressemblances avec le chapiteau corinthien, & il en differe par des endroits très-sensibles. C'est également un vase couvert de deux rangs de feuilles d'acanthe, disposées de même maniere que dans le corinthien. Au lieu de tigettes ou caulicoles, il y a de petits fleurons collés au vase, & contournés vers le milieu de la face du chapiteau. Le vase est terminé par un filet, un aſtragale & un ove. Du dedans de ce vaſe ſortent de grandes volutes ſemblables à celles de l'ordre ionique. Ces volutes ſont ornées d'une grande feuille d'acanthe qui ſe recourbe comme pour ſoûtenir les coins du tailloir, & laiſſe tomber de deſſous elle ſur chaque rebord de volute un fleuron qui le recouvre preſque tout entier. Le tailloir eſt entierement ſemblable à celui du chapiteau corinthien. Ce chapiteau compoſite n'a pas la même délicateſſe, ni la même légereté que le corinthien : mais il eſt encore plus riche, & il faut convenir que l'enſemble a de la nobleſſe & de l'agrément. La beauté de ce chapiteau a rendu ce compoſite extrèmement célebre. Il y a eu même des gens de peu d'eſprit qui ont oſé lui donner la préférence ſur le corinthien. Les gens de bon goût ont toûjours eu ſoin de ſe défendre d'un pareil aveuglement.

L'entablement composite ne répond pas à la beauté de son chapiteau. L'architrave n'a que deux faces de hauteur inégale : la premiere est couronnée d'un talon, la seconde d'un astragale, d'un ove & d'un cavet. C'est trop de moulures entassées pour une aussi petite partie que la face d'une architrave. Le cavet sur-tout ne fait pas un bon effet, parce qu'il rend le couronnement de l'architrave trop délicat & trop fragile, & que le profil n'en est point gracieux. La frise est unie ou taillée comme dans le corinthien. La corniche est composée d'un astragale, d'un talon, d'un arriere-corps à deux faces, sur lequel sont appuyés les modillons aussi à deux faces, dont la premiere est couronnée d'un talon, la seconde d'un filet & d'un ove ; suit un larmier dont la sofite est creuse, un talon & une doucine. Cette corniche est très-pesante ; le même membre y est trop souvent répété. La forme des modillons est gauche & chétive. La saillie du larmier au de-là des modillons est impertinente, & rend l'usage des modillons tout-à-fait inutile. Il y auroit donc beaucoup à réformer à cette corniche pour la rendre parfaite ; ou plutôt il en faudroit composer une toute différente.

Je suis surpris que nos Architectes ne se soient pas exercés davantage à imaginer des composites dans le goût de celui-ci. Il nous reste peu d'exemples qui prouvent qu'ils en ayent eu l'habileté ou le dessein. Nous avons des composites dont la pensée est bien commune, & dont l'assortiment est peu recherché. Tels sont tous ceux où l'on ne fait que réunir les grandes parties des divers ordres, comme une corniche ionique sur une frise &
architrave

architrave dorique, ou entablement tout entier d'un ordre fur les colonnes d'un ordre différent. Le plus fingulier que je connoiffe en ce genre, eft celui qui fe trouve exécuté fur le portail intérieur de l'Eglife de la Culture fainte Catherine. Sur une colonne & une architrave corinthiene s'éleve une frife dorique couronnée d'une corniche ionique. Ce compofite eft très-beau, parce qu'il réunit les richeffes des trois ordres. Il a pourtant un défaut bien marqué, c'eft que les triglifs n'ont point leurs gouttes pendantes fur l'architrave, ce qui diminue beaucoup de leur agrément. Il feroit à fouhaiter que nos Artiftes portaffent plus loin leurs vûes, & que par la combinaifon des membres qui font particuliers à tous les ordres, ils nous donnaffent de nouveaux chapiteaux, de nouvelles architraves, de nouvelles corniches; c'eft un vafte champ

H

ouvert au génie & à l'émulation. Il me semble même qu'on pourroit ajoûter de nouvelles moulures à celles qui sont dejà introduites, & dont le nombre est bien borné. Mais on doit se souvenir toûjours d'éviter les grandes saillies, les moulures trop délicates, aussi bien que celles qui seroient trop dures, les hors-d'œuvres; on doit sur-tout étudier les belles proportions, d'où dépend principalement le solide & le gracieux.

ARTICLE VI.

De la maniere d'enrichir les divers ordres d'Architecture.

UN ordre d'Architecture peut être enrichi de trois manieres; ou par la richesse de la matiere, ou par la richesse du travail, ou par tous les deux ensemble. Par la richesse de la matiere, lorsqu'on y employe le marbre, le bronze, l'or. Par la richesse du travail, lorsqu'on orne les membres de sculpture. Par tous les deux ensemble lorsqu'au marbre, au bronze, à l'or, on joint ce que la sculpture a de plus recherché.

Il est rare que l'on puisse employer le marbre, le bronze & l'or. La dépense en est trop considérable. Ce n'est gueres que dans les maisons des Princes, & dans nos églises qu'on peut avoir de pareils matériaux sous la main. Quoi qu'il en soit, il y a bien des choses à observer, sur la maniere de les employer. Les diverses couleurs des marbres exigent une attention particuliere pour en faire un assortiment qui soit de bon goût. Il ne faut point du tout se laisser séduire par le prix que la seule rareté a donné à certains marbres, ni croire que

H ij

l'ouvrage fera beau précifément, parce qu'il y aura du marbre, ou qui vient de loin, ou dont la carriere eft épuifée. Le granite & le porphyre font dans le cas, & ils n'en font pas pour cela d'une couleur plus agréable. L'œil ne fait point fi une chofe eft rare ou unique, & c'eft là une perfection dont il ne fait aucun cas : mais il fait fort bien fi une couleur eft belle, & il s'agit ici de fatisfaire l'œil. Sur ce principe on doit mettre au rang des marbres les plus beaux, ceux dont les couleurs font bien vives, dont les veines font bien marquées, bien nuancées, ou jettées dans un certain défordre & avec une bifarrerie piquante. Pour affortir les marbres comme il faut, voici à peu près les regles que l'on doit fuivre.

1°. Il faut réferver les marbres blancs fans veine pour les endroits où il doit y avoir de la fculpture. Les veines du marbre gâtent toûjours ce que le ciseau a touché, elles confondent les contours, & produisent des inégalités de lumieres très-désavantageuses à la netteté de l'ouvrage.

2°. Il faut se servir des marbres blancs veinés pour tous les fonds, & réserver les marbres diversement colorés pour les colonnes, les frises, & tous les panneaux d'incrustation.

3°. Il faut que les couleurs des marbres se rapportent autant qu'il est possible au caractere du sujet. Il seroit également absurde d'employer des marbres verds, rouges, jaunes & d'autres couleurs brillantes à un mausolée, & de prodiguer les marbres noirs à un retable d'autel.

4°. Il faut éviter les assortimens de marbre de couleurs trop tranchantes, & encore plus ceux d'une même & unique

H iij

couleur. La trop grande abondance des couleurs brunes rend l'ouvrage triste & diminue le jour. Les couleurs douces si elles dominent trop, rendent l'ouvrage froid & infipide. Il est donc essentiel de mêler les unes avec les autres, & de faire valoir les unes par les autres. Il y a encore ici une harmonie dont il faut bien étudier les accords.

Les décorations de marbre ont toûjours besoin d'être relevées par de la dorure. Le bronze doré est ce qui convient le mieux : mais la dépense en est très-grande. Par œconomie on se sert souvent de bois ou de plomb doré. Le bois prend bien la dorure : mais l'humidité du marbre le fait pourrir. Le plomb n'est pas sujet à cet inconvénient : mais il ne prend jamais bien la dorure. Il ne faut point que la dorure soit prodiguée. Il suffit qu'il y en ait assez pour égayer la tristesse des marbres trop forts en couleur.

La seconde maniere d'enrichir un ordre d'Architecture, c'est d'en sculpter les membres. J'ai déja dit que pour éviter la confusion, on ne doit jamais les sculpter tous, & que le mieux seroit de les sculpter alternativement. Il me reste à observer diverses particularités concernant la Sculpture, & qui en décident le succès. Il faut que les contours en soient bien terminés & bien naïfs. S'ils sont bien terminés, l'ouvrage sera fait proprement; s'ils sont bien naïfs, il sera fait avec beaucoup de grace. Il faut que le dessein en soit naturel. Nos Artistes avoient donné pendant quelque temps dans une bisarrerie qui a eu beaucoup de vogue. Tous les contours de leurs ornemens étoient capricieusement défigurés. Cette singularité n'a pas manqué de réussir d'abord auprès d'une Nation aussi volage & aussi légere que la nôtre. Si elle avoit régné plus long-temps, nous allions enchérir sur les folles imaginations de l'arabesque. Heureusement on en revient, & cette épidémie dangereuse est sur ses fins. Dans les morceaux de sculpture, il faut éviter la ronde bosse; parce que l'épaisseur de ses masses donne toûjours à l'Architecture un air pesant; il faut s'en tenir au relief le plus bas. Les sculptures de la Chapelle de Versailles peuvent servir de modele. Tout y est naïvement dessiné, proprement terminé, & d'un relief médiocre; & de-là vient que l'œil en est extrèmement satisfait.

Je n'ai rien à dire sur la troisieme maniere d'enrichir un ordre d'Architecture. Les regles que j'ai données sur les deux précédentes, doivent se réunir dans celle-ci.

ARTICLE VII.

Des Edifices où l'on n'employe aucun ordre d'Architecture.

LEs grands ordres d'Architecture ne conviennent point à toute sorte d'édifices, parce qu'ils entraînent une dépense que tout le monde n'est pas en état de faire, & qu'ils exigent des façades d'une grande étendue dont peu de bâtimens sont susceptibles. Les grands ordres n'appartiennent proprement qu'aux grandes Eglises, aux palais des Princes & aux édifices publics. Pour tout le reste, il faut nécessairement avoir recours à des décorations plus simples & moins coûteuses. On peut faire de jolis & même de très-beaux bâtimens, sans le secours des entablemens & des colonnes. Nos Architectes ne l'ignorent point, & j'ose dire que c'est dans ces sortes de bâtimens, que pour l'ordinaire ils réussissent le mieux. Comme la composition en est plus libre & moins savante, elle est aussi plus à portée d'un génie & d'une capacité médiocre. Ce n'est pas qu'un grand Architecte en doive regarder le travail comme au-dessous de lui. Plus la composition est libre, plus il est facile d'y mettre de la nouveauté & de l'invention. On peut y répandre les graces à son gré. On peut y exécuter toute sorte de pensées élégantes, nobles, sublimes. On peut, ce qui est plus précieux, en varier le dessein à l'infini. Ainsi un habile homme en s'y appliquant aura toûjours de quoi se faire honneur.

La beauté des bâtimens dont je parle, dépend principalement de trois choses: de l'exactitude des proportions, de l'élégance des formes, du choix & de la disposition des ornemens.

Quelque libre que soit la composition d'une façade de bâtiment, les proportions n'en sont jamais libres. De tous les degrés d'élevation possibles, il n'y en a qu'un seul de bon sur une longueur donnée. L'œil du spectateur trouvera toûjours du trop haut ou du trop bas, jusqu'à ce qu'il rencontre cet unique degré, que machinalement il cherche. L'habileté de l'Artiste consiste à étudier ce degré, & à le saisir avec justesse. A la proportion du total doivent répondre avec la même exactitude les proportions de chaque partie. Les dimensions des étages, celles des portes, des fenêtres & de tous les ornemens qui les accompagnent, doivent être réglées sur la longueur & la hauteur de tout le bâtiment, & être tellement d'accord qu'il en réfulte un enfemble qui plaife. Sur tout cela nous n'avons proprement aucune regle bien affûrée. Le point unique jufqu'où il faut atteindre, & au de-là duquel on ne doit point s'élever dans les proportions, ne nous eft pas fuffifamment connu. Il n'y a que le goût naturel joint à un grand ufage qui puiffe guider, fûrement les Architectes dans cette ténébreufe voie. Ils approchent plus ou moins du terme, felon que leur fentiment eft plus ou moins délicat, ou qu'une longue expérience a rendu le jugement de leurs yeux plus ou moins infaillible. Il feroit à fouhaiter qu'on fît à cet égard des obfervations critiques qui puffent avec le temps fixer l'incertitude, en déterminant les bornes précifes, & le point jufte de divifion entre le trop haut & le trop bas, le trop grand & le trop petit dans tous les genres. Cette partie de l'Art a été trop négligée. Combien de bâtimens les uns trop grêles, les autres trop écrasés ? Combien dans un même bâtiment d'étages, de portes, de fenêtres, de plinthes, de corniches, dont l'élévation peche ou par excès ou par défaut ! Cette partie de l'Art est des plus essentielles. Tout bâtiment qui sera exact dans ses proportions, n'eût-il que cette qualité, fût-il d'ailleurs de la simplicité la plus grande, produira toûjours un effet satisfaisant. Au lieu que si les proportions manquent, c'est un défaut que la richesse des ornemens ne corrigera jamais; & on aura le chagrin d'entendre dire au premier venu : cela est trop haut, ou bien cela est trop bas.

J'ai parlé en second lieu de l'élégance des formes. Cet Article n'est point à négliger, si l'on veut faire des ouvrages qui plaisent. Les formes sont déterminées par les plans. Le feul moyen de les rendre agréables, c'eſt d'éviter le commun & le trivial, & de faire enforte qu'il y ait toûjours quelque chofe de neuf, d'hiſtorié, de fingulier même. On peut fe prévaloir ici du fecours de toutes les figures géométriques régulieres, depuis le cercle jufqu'à l'ellipfe la plus allongée, depuis le triangle jufqu'au dernier poligone. On peut mêler les figures rectilignes avec les curvilignes ; au moyen de quoi il eſt facile de varier les plans prefque à l'infini, en leur donnant à chacun une forme qui n'ait rien de commun, & qui foit toûjours réguliere. La forme la plus ordinaire de nos bâtimens eſt un quarré long. Mais cette forme trop univerfelle eſt devenue triviale, & n'a plus rien d'intéreffant. Nous aimons naturellement la nouveauté & la variété. Il faut que tous les beaux Arts fe prêtent à ce goût que la nature nous donne. Nous n'eſtimons leur mérite, qu'autant que nous leur trouvons de quoi exciter & ſatisfaire ce goût. Si l'inſpection de la plûpart de nos bâtimens fait ſur nous une impreſſion ſi légere, nous pouvons l'attribuer à la grande monotonie qui regne dans leurs plans. Qui en a vu un, les a preſque tous vûs. C'eſt toûjours un plan quarré long, il n'y a du plus ou du moins que pour l'étendue. Le Collége des Quatre-Nations eſt preſque le ſeul de nos bâtimens, où l'on trouve du neuf & du ſingulier dans la forme. Auſſi ne manque-t-il jamais de fixer particulierement l'attention. Si l'on y regarde de près, on connoîtra que le plus grand mérite de ce joli bâtiment, vient de ſa forme élégante, & du mélange gracieux de lignes courbes & de lignes droites qui terminent ſon plan. La forme d'un édifice peut tirer un autre caractere d'élégance, des différentes élévations que l'on donne à ses diverses parties, & de la maniere dont on en varie les amortissemens. Les Palais du Luxembourg & des Tuileries ont cette derniere espece d'élégance dans la forme, & n'ont point la premiere. La grande façade du Château de Versailles sur les jardins, n'a ni l'une ni l'autre. Du côté des cours le plan du Château est un peu plus historié : mais il l'est sans goût & sans élegance. Ce sont plusieurs quarrés longs qui se suivent toûjours en se rétrécissant, & dont se dernier est enfin si étroit qu'il est tout-à-fait choquant. Le plan des écuries est vraiment élégant, parce qu'on y voit un juste mélange de lignes droites & courbes. Si ces deux écuries étoient réunies à la premiere Cour par deux grands portiques en demi-ellipse sur sa longueur, ce morceau effaceroit tout le reste. Enfin

Enfin j'ai parlé du choix & de la disposition des ornemens. Dans une décoration simple, il suffit de marquer les angles par des pierres de refend du haut en bas, de marquer les étages par un plinthe uni & qui ait peu de saillie, de donner aux portes & aux fenêtres des chambranles unis en avant-corps, de couronner tout le bâtiment par une corniche dont le profil foit peu composé, & gracieusement dessiné. Dans une pareille décoration comme le nud du mur doit essentiellement paroître, il n'y a pas trop d'inconvénient à bomber, à cintrer même le dessus des portes & des fenêtres. Si l'on veut des décorations plus riches, on peut marquer tous les trumeaux par des panneaux, dont les formes sont très-variables, & orner le dedans du panneau de sculpture en bas-relief. On peut au-dessus des portes & des fenêtres tailler des fleurons, cela vaudra mieux que de marquer la clef de leur cintre par des mufles, des consoles, ou des cartouches ce qui est encore pis. Les cartouches, sont un ornement qui ne sauroit jamais être que de mauvais goût, parce qu'il ne ressemble à rien dans la nature. Le mieux sera de n'en jamais employer.

Je ne fais ici que donner des vûes aux Architectes. C'est à eux de suivre, d'étendre, de perfectionner ce que je viens de leur indiquer. Ils voient présentement qu'on peut faire des bâtimens de tous les genres, de tous les degrés de beauté, sans y employer aucun des grands ordres d'Architecture. Ils doivent conclurre de-là que dans les grands édifices même, un bon moyen d'en nuancer la magnificence, c'est d'y réunir à ce que les ordres d'Architecture ont de plus superbe, ce que les bâtimens sans ordre d'Architecture ont de plus élégant. Voilà bien des ressources que je leur mets en main. S'ils savent en profiter, il leur sera facile de tout embellir & de tout varier.

CHAPITRE TROISIEME.

Considérations sur l'art de bâtir.

IL faut bâtir avec solidité pour la commodité, & dans la bienséance. Ce sera la matiere de trois Articles séparés.

ARTICLE I.

De la solidité des Bâtimens.

LA solidité est la premiere qualité que doit avoir un édifice. Il est trop dispendieux & trop incommode d'en réitérer souvent la construction, pour négliger aucune des précautions capables de lui aſſûrer la plus longue durée poſſible. Les Anciens jaloux de laiſſer à la poſtérité la plus reculée des traces de leur habileté, n'épargnoient rien pour donner à leurs bâtimens cette force qui triomphe des accidens ordinaires. Nous avons des bâtimens de ſix ou ſept cents ans, qui ne nous préſentent d'autre ſigne de vetuſté que leur couleur brune & enfumée. Il en eſt même qui, antérieurs à l'établiſſement de notre Monarchie, ſans que perſonne ſe ſoit jamais mêlé de leur entretien & de leur réparation, quoiqu'on ait même eſſayé plus d'une fois de les ébranler & de les détruire, ſubſiſtent encore à notre grand étonnement, & préparent de l'admiration à ceux qui naîtront pluſieurs ſiecles après nous. Nos Artiſtes n'ont point aujourd'hui ce grand goût de ſolidité. On doute que leurs ouvrages puiſſent ſoûtenir l'aſſaut de trois fiecles. On les accufe même d'éviter à deffein de les rendre durables, parce qu'on les fuppofe intéreffés à en renouveller le travail. Il eft certain qu'on voit affez fouvent parmi nous des bâtimens tout neufs qui menacent ruine. Eft-ce défaut d'intelligence, ou excès d'induftrie dans l'Architecte. Néceffairement c'eft l'un des deux, & quelquefois l'un & l'autre enfemble. Il importeroit qu'il y eût des réglemens en ce genre, qui entraffent dans le plus grand détail pour empêcher, s'il étoit poffible, que le Public ne fût inceffamment la dupe de la mal-habileté, ou de la friponnerie des ouvriers.

La folidité d'un édifice dépend de deux chofes : du choix des matériaux & du bon emploi qu'on en fait.

La pierre, la chaux, le fable, le bois, le fer, le plomb, le plâtre, la brique, la tuile, l'ardoife, font les matériaux néceffaires pour la conſtruction d'un édifice. Rien n'eſt indifférent dans le choix de ces matériaux. Il eſt du devoir d'un Architecte de connoître dans tous ces genres le mauvais, le médiocre, le bon, l'excellent. Communément cette étude n'eſt pas bien difficile. Dans chaque pays on ſçait à peu-près d'où vient la meilleure pierre, le meilleur bois, le meilleur fer, &c. Il eſt de la probité d'un entrepreneur de ne pas abuſer de la bonne foi de ceux qui l'employent, juſqu'à faire paſſer pour bon ce qui eſt mauvais, & pour excellent ce qui n'eſt que médiocre. Envain pour excuſer une pareille ſupercherie, dira-t-on que les particuliers ne veulent pas mettre le prix aux choſes. Je pourrois citer bien des exemples où l'on verroit des gens, qui ont mis le prix, & plus que le prix, trompés un peu plus que les autres. D'ailleurs cette excuſe ne convient qu'à un ouvrier mercenaire qui a le profit plus en recommendation que l'honneur. Je veux à un Architecte des sentimens plus nobles. Je veux un homme épris d'un véritable amour pour son Art, qui préfere à toute autre récompense, la gloire de se distinguer & le bonheur de réussir. Un homme possédé de cette loüable ambition, n'aura ni ruse ni fausseté. Ne voulant rien faire à demi, il instruira exactement ceux qui l'employent, du meilleur & du moins bon, du nécessaire & du suffisant, soit pour la quantité, soit pour la qualité. Il s'opposera avec fermeté à ces aveugles économies, qui, pour éviter sur le champ une légere augmentation de dépense, n'en occasionnent ensuite que plus de frais. Il ne se chargera point d'un bâtiment, à moins qu'il n'ait la liberté d'y employer des matériaux de la qualité & dans la quantité convenables. Dût-il diminuer le nombre de ses entreprises, il aimera mieux faire moins, & faire bien. Dès que l'envie de s'enrichir domine, tous les sentimens d'honneur sont pervertis. Les Arts souffrent presque autant que les mœurs de cette bassesse. Tout se borne à attraper de l'argent, & à faire des dupes dans la construction des bâtimens; il y a une foule de détails qui deviennent la matiere de bien des voleries. On suppose des fournitures, on fait payer au plus haut prix de mauvais matériaux que l'on a choisis exprès, on expose tout cela dans des mémoires chargés, pires cent fois que des parties d'Apothicaire. Il y a des gens sensés qui prétendent que les beaux Arts sont la ruine d'un Etat. Ce reproche ne convient qu'aux Artistes avides qui font métier & marchandise de tromper le genre humain. Le désir de gagner leur fait inventer toute forte de projets faux, ils trouvent des fots qui les agréent, & pour peu qu'on se livre à leur avidité, ils sont capables d'épuiser un Royaume. J'ai cru qu'on me pardonneroit cette digression; elle renferme une censure que les Artistes trouveront amere. Je m'y suis livré sans humeur, & uniquement par des vûes de zele. D'ailleurs cette critique ne tombe que sur des gens, qui, bien loin d'être les maîtres de l'Art, n'en sont que les mercenaires praticiens. Je n'ai garde de confondre avec eux nos vrais Architectes.

Les matériaux ne sont pas tous d'une même qualité. L'étude d'un Architecte doit avoir pour but d'en connoître toutes les propriétés & toutes les différences, & de s'en faire une pratique, de maniere qu'au toucher & au coup d'œil, il en porte un jugement sûr, & à l'abri de toutes les fraudes des Marchands. Les matériaux d'une même qualité ne font pas également bons pour toute forte d'ouvrages. C'eft encore ici un objet de difcernement qui doit être familier à l'Architecte. Par-là il évitera, & les bévûes dangereufes, en donnant à chaque chofe la deftination qui lui convient, & les dépenfes inutiles, en trouvant le fecret de tout mettre à profit. Dans un bâtiment il y a des parties où il ne faut que du bon, d'autres où le médiocre fuffit; d'autres enfin où il faut de l'excellent. Il n'y a que le mauvais qui doit toûjours être rejetté. Quand on fe hafarde à en faire ufage, on reconnoît bien-tôt fon tort, & on fe le reproche toûjours trop tard.

Outre le choix des matériaux, il y a la maniere de les employer qui contribue encore infiniment à la folidité de l'ouvrage. Dans tous les bâtimens il faut diftinguer la partie qui charge, & la partie qui

sur l'Architecture. 139
fupporte. Un bâtiment aura toute la folidité néceffaire, fi la force de la charge n'excede point la force du fupport, & s'il y a entre les deux une jufte proportion. Confidérons une muraille détachée. Elle eft tout-à-la-fois à elle-même fa charge & fon fupport ; parce que les parties fupérieures pefent fur les inférieures, & que les inférieures portent les fupérieures. Examinons un édifice entier. C'eft un compofé de plufieurs murailles qui portent des voûtes, des planchers & un toit. Les voûtes, les planchers & le toit font la charge du bâtiment, & les murailles en font le fupport. Un Architecte qui a fait fon plan, doit apprécier au jufte la force des charges, afin de régler fûrement la force des fupports.

Il y a des fardeaux dont la pefanteur agit en ligne perpendiculaire, c'eft-à-dire, en preffant de haut en bas ; tels sont les massifs des murs qui portent directement sur leurs fondemens : pour en estimer la charge, il suffit d'en mesurer la hauteur & la largeur. Il y a des fardeaux dont la pesanteur agit en ligne oblique, c'est-à-dire en poussant de droite & de gauche ; telles sont les voûtes. Pour en estimer la charge, il faut en mesurer la convexité ; plus elle est surbaissée, plus la poussée est forte. Enfin il y a les planchers & le toit qui ont beaucoup de pesanteur en ligne perpendiculaire, un peu de poussée en ligne oblique. Tout cela doit être estimé très-soigneusement.

La solidité de l'édifice dépend donc principalement de la force de ses supports. Quiconque saura donner à une muraille simple toute la force dont elle a besoin pour ne jamais se démentir, est en état de fournir des supports suffisans pour les plus grosses charges.

Il y a trois choses qui rendent une muraille forte & inébranlable. Le fondement sur lequel elle porte, son épaisseur, la liaison & l'aplomb de toutes ses parties. Le meilleur de tous les fondemens, c'est le rocher ou la pierre vive. Cependant on peut y être trompé. Il arrive quelquefois qu'en creusant la terre, on trouve des surfaces de rocher qui n'ont qu'une médiocre épaisseur. Ce sont des voûtes naturelles qui ne manqueroient pas d'être écrasées par le fardeau d'un grand mur. Lorsqu'il s'agit donc d'un édifice considérable, il est de la derniere conséquence de sonder l'épaisseur du roc qui se présente, pour s'assûrer qu'il n'est point creux, ou que, s'il y a une cavité, l'épaisseur de la calote qui la couvre, est d'une force à porter les plus violentes charges. Au défaut du rocher, il faut creuser jusqu'au ferme ou à la terre non remuée. Si l'on rencontre l'eau, où des profondeurs de fable, il faut employer les pilotis ; forte de fondement qui, quand il eft bienfait, eft prefque le meilleur & le plus durable. Il eft effentiel de bâtir fur de bons fondemens, le principe eft fi trivial qu'il fembleroit inutile d'en faire mention. Cependant les lourdes fautes qui fe commettent en ce genre, montrent la néceffité de rappeller & d'inculquer ce principe. Croiroit-on que dans un édifice comme celui de S. Pierre de Rome, on ait négligé de s'affûrer du fondement. Une partie confidérable de cette grande bafilique a été affife fur les ruines de l'ancien cirque de Néron ; & on ne s'eft pas donné la peine de fouiller jufqu'au vif. Voilà donc cet édifice qui devoit être fait pour l'éternité fujet à un dépériffement inévitable. On en a eu la preuve, lorfque le Chevalier Bernin projetta d'élever deux Clochers sur les deux encoignures du frontispice de cette Eglise. Il en éleva un ; l'ouvrage n'étoit pas encore bien avancé, lorsqu'il s'apperçut de l'affaissement dangereux que ce surcroît de charge avoit opéré dans les murs inférieurs. Ces murs paroissoient d'une force à toute épreuve ; on conclut avec raison que le vice venoit du fondement. On fouilla pour s'en assûrer, & on reconnut le défaut dont je parle. On a tâché d'y remédier par des épaulemens soûterrains. Ce remede a arrêté le progrès du mal, sans en détruire le principe. Que cet exemple rende nos Architectes fort circonspects, & extrèmement difficiles sur la qualité du sol qu'ils prennent pour fondement. Les sûretés à cet égard ne peuvent être excessives.

Le fondement une fois bien choisi & bien préparé, les matériaux doivent y être placés de maniere, 1° Que les affises soient dans un niveau exact & un aplomb parfait. 2°. Que les pierres gardent la même situation qu'elles avoient dans la carriere, pour les lits d'affise & pour les lits de joint. 3°. Que les joints de l'affise inférieure soient toûjours recouverts par le parement de l'affise supérieure. 4°. Qu'il n'y ait aucun vuide dans l'épaiffeur du mur.

La pareffe des ouvriers a introduit en quelques endroits, une étrange façon de bâtir tout ce qui est dans terre. Après avoir creufé des tranchées de la longueur & de la largueur requife, ils rempliffent ces tranchées de gros moëlons jettés, pêle mêle avec des ras de mortier. C'eft la plus déteftable des pratiques. Outre qu'il eft impoffible qu'il ne refte de grands vuides dans un rempliffage ainfi fait au hafard ; les moëlons jettés confufément sément & sans ordre, prendront toute sorte de situations vicieuses; ils seront assis les uns de champ, les autres sur leurs carnes, ils seront infailliblement écrasés par les masses que l'on établira dessus, de-là les affaissemens & les couleuvres. Il est faux que la maçonnerie qui doit rester cachée sous terre, n'exige pas autant d'exactitude de travail que celle qui doit être exposée aux yeux. Si l'on veut faire une bonne fondation, il faut y employer de la bonne pierre de taille, ou du moins de gros moelons de figure réguliere. Il faut que tout soit fait au niveau, à la regle & à l'aplomb. Il faut éviter les profusions de mortier. Dès que le mortier est employé à autre chose qu'à lier les pierres ensemble, & à remplir les très-petits vuides qui peuvent rester entre elles, il ne peut que produire de mauvais effets. Un mur pour être bon, doit être par-tout également fort. Il n'est plus tel, dès qu'il y a de grands intervalles de pierre & de mortier. On trouvera dans le Vitruve de M. Perrault des régles sur la meilleure maniere de bâtir. Si l'on a besoin de modeles, l'Observatoire, & les nouveaux bâtimens du Louvre en fourniront d'excellents.

Pour qu'un bâtiment soit solide, il faut que les murailles aient une raisonnable épaisseur. Cette épaisseur est asservie à des regles que l'on trouve communément dans les Traités d'Architecture; ainsi je me dispenserai d'en parler. J'examinerai seulement si, quand les murs doivent être fort élevés, il est nécessaire ou indifférent de faire des retraites à tous les étages. Ces retraites sont fort en usage, il me semble pourtant qu'on n'en a nullement besoin. Si le mur est fait selon les regles & dans un parfait aplomb, quand il seroit du haut en bas de la même épaisseur, il n'en seroit que plus solide. J'avoue qu'il est extrêmement difficile de garder cette précision de l'aplomb dans toutes les parties d'un grand mur. A la vérité nous en avons des exemples bien encourageans dans des édifices anciens & à des hauteurs exorbitantes. Mais nos ouvriers ne savent que s'en étonner, & comme ils n'ont point la belle émulation d'imiter ce qu'ils admirent. & de valoir autant que leurs prédécesseurs d'autrefois, il est probable qu'ils s'en tiendront toûjours à leurs routines imparfaites. Il est donc plus sûr dans la position des choses, de bâtir par retraites, en observant de les faire toûjours égales de chaque côté du mur, de maniere que le fardeau porte précisément dans le milieu.

L'épaisseur des murs doit avoir des bornes. Il est essentiel de n'y rien mettre de superflu, soit pour éviter la trop grande dépense, soit principalement pour ne pas donner dans le lourd & dans le massif. Les deux extrêmes sont également vicieux. Cependant s'il y avoit à choisir, l'excès de légereté seroit préférable à ces massifs énormes que l'on trouve trop souvent dans nos édifices modernes, & qui y sont certainement bien inutiles. Le grand secret, la vraie perfection de l'Art consiste à joindre la solidité avec la délicatesse. Quoi qu'en disent nos Artistes, ces deux qualités ne sont rien moins qu'incompatibles. Dans les bâtimens d'Architecture arabesque, on a porté quelquefois la délicatesse aussi loin qu'elle peut aller, au de-là même des bornes généralement reçûes. Ces bâtimens n'ont pas eu moins de solidité que les nôtres, leur longue durée en est garant. Je voudrois qu'on prît du moins à cet égard l'esprit de cette ridicule Architecture; que l'on étudiât l'artifice surprenant de cette maniere de bâtir, où rien ne se dément, quoique tout y soit extrèmement délié. Les vieux bâtimens de l'Abbaye de saint Denys par cet endroit étoient fort supérieurs aux nouveaux. Les moins connoisseurs regrettent qu'on ait fait une si prodigieuse dépense pour substituer de gros murs de Citadelle, à un ouvrage qui étoit la délicatesse même. Ce nouveau bâtiment à côté de la vieille Eglise, fait un contraste qui prouvera long-temps que les ouvriers du dix-huitieme siecle n'ont point approché de l'adresse de ceux du onzieme & du douzieme. L'Eglise de saint Sulpice est encore un monument, où la grossiereté de notre travail se trouve malheureusement consacrée. Falloit-il de si lourdes masses pour donner de la solidité à cet édifice?

Nos Artistes le prétendront, tout le Public sera contre eux, & je n'aurai qu'à les mener à la sainte Chapelle pour les confondre. Les Anciens épargnoient la pierre, & prodiguoient le fer: par-là & à l'aide du niveau & de l'aplomb, ils venoient à bout de joindre le délicat au solide. Quel inconvénient y aura-t-il à faire comme eux? Nous entendons infiniment mieux qu'eux la décoration: mais ils étoient plus habiles que nous dans la construction. Si nous voulons nous perfectionner, ne les consultons point, quand il s'agira de décorer des édifices, & ne cessons point de les consulter pour la maniere de les construire.

Les voûtes qui ont une poussée de droit & de gauche, exigent une nouvelle force dans les murs qui doivent les porter. Jusqu'ici on n'a point imaginé de meilleur moyen pour les appuyer, que les contre-forts ou arc-boutans qui empêchent les murs de s'écarter. On en use ainsi pour les Eglises qui sont proprement les seuls édifices, où il y ait de grandes voûtes sujettes & par leur charge & par leur hauteur à une grande poussée. Ces contre-forts malheureusement nécéssaires, rendent les dehors de nos Eglises fort désagréables. J'expliquerai ailleurs mon idée sur le parti que l'on pourroit prendre pour les dérober à la vûe. Ce que j'ai à observer présentement au sujet de ces grandes voûtes ; c'est qu'il faut tâcher d'en diminuer le poids autant qu'il est possible. Pour cela deux moyens sont avantageux. Le premier c'est l'exactitude du trait. Le second c'est la médiocrité de l'épaisseur. L'exactitude du trait contribue infiniment à la solidité des voûtes, & à en faciliter le support. Ceux qui ont la science des traits de voûte, font des prodiges à peu de frais. Non feulement il leur eft facile d'exécuter des voûtes, tellement furbaiffées qu'elles reffemblent à de vrais plat-fonds; mais ils trouvent le fecret de foûtenir en l'air de très-grandes maffes de pierre fans aucune apparence de voûte. L'efcalier de Premontré eft un de ces morceaux, dont la hardieffe a quelque chofe d'effrayant : on le doit à la feule connoiffance du trait. Un Architecte ne peut donc trop s'appliquer à acquérir une connoiffance fi précieufe. C'eft la partie la plus myftérieufe de l'Art. Pour en avoir la parfaite intelligence, l'ouvrage du P. Derrand Jefuite, fera d'un grand fecours.

Le fecond moyen de rendre les voûtes légeres, c'eft d'en diminuer l'épaiffeur. Qu'on examine les voûtes des édifices à l'arabefque, on trouvera que la plûpart ont à peine fix pouces d'épaiffeur. Qu'eft-il besoin de leur en donner davantage ? Il me semble au contraire qu'on pourroit encore leur en donner moins. Nous avons appris depuis peu qu'on fait d'excellentes voûtes qui n'ont qu'une seule épaisseur de briques. Cette invention ancienne dans certains pays & nouvelle pour nous, fait voir qu'il n'est point nécessaire qu'une voûte soit épaisse pour être solide. Profitons de cette découver-te, & ce sera toûjours autant de diminué du fardeau.

Il est bon de remarquer aussi que de quelque maniere qu'un bâtiment soit fait, si l'on veut qu'il dure, on doit bien se donner de garde d'en affoiblir jamais les supports. La grosseur des massifs fait quelquefois illusion. On suppose qu'il y a de l'excédent & du superflu. On conclut que d'en retrancher un peu, cela ne sauroit nuire ; & on a le chagrin de voir bientôt tout l'édifice ébranlé. Ces fautes se commettent d'ordinaire pour des projets de dégagement ou de décoration. Le Chevalier Bernin étoit affûrément un grand homme; il a cependant commis cette faute de la maniere la plus funefte. Une folle envie de décorer lui a infpiré la confiance de creufer les quatre gros maffifs, qui portent le dôme de l'Eglife de faint Pierre de Rome. Ces maffifs paroiffoient fufceptibles de quelque retranchement; l'expérience a montré qu'il n'y avoit rien de trop. Depuis qu'ils ont été affoiblis, la calotte du dôme s'eft fendue en plufieurs endroits, & on aura toutes les peines du monde d'en prevenir la ruine. Quand un bâtiment eft fait, il eft toûjours dangereux d'y toucher. On doit fuppofer que celui qui a été l'Architecte, favoit fon métier; qu'il n'y a mis que ce qui étoit abfolument néceffaire, &

que toutes les épaisseurs ont été proportionnées à la quantité & à la qualité des charges. Il vaut bien mieux se tromper en pensant de cette façon, que de se mettre en péril de tout détruire. Il faut très-peu se fier au rapport des Experts: plusieurs ne s'y connoissent que médiocrement; quelques-uns ont assez de mauvaise foi pour donner de fausses assûrances contre des périls, qu'ils n'affectent de mépriser, que parce que bien loin d'en souffrir le dommage, ils en auront infailliblement le profit.

Afin de prévenir toutes les friponneries qui sont familieres aux Entrepreneurs, il faudroit une bonne fois pour toutes qu'ils n'eussent point d'impunité à espérer. Une loi qui les contraindroit à réparer à leurs frais tous les endommagemens survenus aux édifices, autrement que par des accidens étrangers à leur

Art; une loi qui les y contraindroit par la confiscation des biens, & la saisie personnelle seroit la plus nécessaire & la plus sage des loix.

ARTICLE II.

De la commodité des Bâtimens.

Les bâtimens sont faits pour l'habitation, & ce n'est qu'autant qu'ils sont commodes qu'ils peuvent être habitables. Trois choses font la commodité d'un logement : la situation, la distribution & les dégagemens.

Ou la situation est libre, ou elle est contrainte. Si elle est libre, il faut choisir un lieu qui soit en bon air & en belle vûe. La santé souffre toûjours d'un air mal sain. Une vûe triste entretient ou fait naître la mélancolie. Il est donc d'une assez grande conséquence, quand on est maître de choisir, de se fixer à une situation qui réunisse la salubrité de l'air aux agrémens de la vûe. Un air n'est véritablement sain, que lorsqu'il n'est ni trop sec, ni trop humide. La trop grande secheresse nuit à la poitrine, la trop grande humidité est la source de mille accidens. Sur les hautes montagnes on n'a point à craindre l'air humide : mais on y respire un air trop vif & trop cru ; on y est battu par les vents, communément on y manque d'eau, & on est sans cesse exposé à monter & à descendre. De pareilles situations sont évidemment pleines d'incommodité. Dans le fond des vallées ou dans les plaines, on respire un air gras, mais il est humide & marecageux. En hyver ce sont des brouillards continuels. En été on est infecté de mauvaises odeurs & assiégé d'insectes. De pareilles situations sont encore bien incommodes. Un lieu assez élevé pour dominer la plaine, autour duquel il n'y auroit ni marais ni eaux dormantes, qui seroit à l'abri des grands vents par le voisinage de quelque forêt ou de quelque montagne ; qui seroit près d'une belle riviere sans avoir rien à craindre de ses débordemens, un tel lieu fourniroit une habitation extrèmement saine. Si d'ailleurs on y avoit pour perspective une plaine fertile, où les objets fussent variés, & qui sans être d'une trop vaste étendue, se trouvât agréablement terminée par des côteaux d'une élevation médiocre, on y joüiroit des avantages d'une vûe toute propre à égayer l'imagination. Il est étonnant que nos Rois, à qui rien n'est impossible, ayent choisi pour leur demeure habituelle un des plus tristes lieux de la nature. Versailles a coûté des sommes immenses, & malgré tous les efforts de l'Art,

SUR L'Architecture. 159
employés à l'embellir, par sa situation il inspire la tristesse à tous ceux qui l'habitent. Je ne sai même si l'air en est bien sain, à raison des eaux qui l'entourent. L'étonnement augmente, quand on voit S. Germain, à qui la nature n'a rien refusé, & dont à beaucoup moins de frais, il eût été facile de faire une demeure enchantée.

Dans les Villes on ne peut pas choisir toûjours une situation qui ait les avantages, dont je viens de parler. On est gêné pour l'emplacement qui ne peut jamais être d'une grande étendue & d'une parfaite régularité. Tout ce qu'on a de libre, c'est le choix du quartier & de la rue. Dans cette contrainte il faut du moins se fixer au quartier le plus aéré & le plus propre, à la rue la plus large & la mieux alignée; parce que l'abord en est plus facile, & que l'air s'y renouvelle plus aisément. En un mot les commodités du local dépendent d'une foule des circonstances, auxquelles il convient de faire une particuliere attention. Il faut avoir de l'eau, & être à portée des lieux où l'on trouve les choses nécessaires à la vie. Il faut être éloigné du bruit. Il faut avoir ses entrées & ses sorties libres. Il faut que les jours soient avantageux, & ils ne peuvent l'être, si l'on n'a devant soi un grand découvert. Je ne rappelle ici toutes ces choses, que pour instruire ceux qui ont le pouvoir de se les procurer. La multitude n'est pas dans le cas.

L'emplacement une fois choisi, reste à décider la position de l'édifice. Il s'agit de se garantir & du trop grand froid & du trop grand chaud. Généralement parlant l'Est & l'Ouest sont deux positions incommodes. En été on est brûlé par le soleil, qui plonge presque la moitié du jour. Le Nord est trop froid, & a toujours

SUR L'ARCHITECTURE. 161
jours un peu d'humidité. Le Midi paroît la meilleure des positions. En hyver le Soleil plonge & diminue le froid ; en été il rase & ne donne pas un trop grand chaud. Mais dans chaque pays il y a communement un côté de l'horison, d'où viennent les plus grands vents, & les pluies les plus constantes. Si l'on veut être logé commodément, il faut bien se garder de tourner son logement vers une partie du Ciel si incommode, il faut prendre la direction opposée. La commodité de la position dépend donc encore de plusieurs circonstances relatives au climat, & dont aucune ne doit être ignorée d'un Architecte.

Après les avantages de la situation, rien ne contribue tant à la commodité d'un bâtiment que la distribution tant extérieure qu'intérieure. La distribution extérieure a pour objet l'arrangement des

L

entrées, des cours & des jardins. Un bâtiment eſt toûjours incommode, quand il n'y a pas au moins une cour où les voitures puiſſent entrer, & tourner à leur aiſe. Il eſt privé d'une grande commodité, quand il n'a pas de jardin. Un jardin dans une ville eſt d'une grande reſſource; ne fût-ce que pour donner de l'air, & un peu de verdure, & ce qui eſt encore plus gracieux, pour avoir chez ſoi une promenade qu'il ne faut point aller chercher, où l'on peut être à toute heure & en deshabillé, où l'on ne rencontre point d'importun, où l'on ne voit que ceux que l'on veut voir. Si l'emplacement a aſſez d'étendue pour que l'on puiſſe avoir cour & jardin, il faut ſe procurer l'un & l'autre, en obſervant autant qu'il eſt poſſible, de tourner le jardin du côté où les voiſins n'ont point vûe deſſus. Pour rendre la diſtribution extérieure commode, il faut 1°. Que le principal corps de logis foit au fond de la cour, & qu'il ait le jardin en face. Ainfi on fera à l'abri du bruit, & on aura un grand air & un grand jour. 2°. La principale entrée fur la rue, doit être dans le milieu de la cour; l'entrée du corps de logis & du jardin doit lui répondre directement, de-là dépend la grande facilité des entrées & des forties. 3°. Il faut fe ménager à côté de la cour principale, une autre cour au moins pour recevoir toutes les faletés de l'écurie, de la cuifine & de toute la maifon; & il eft néceffaire que cette baffe-cour ait fon iffue particuliere au-dehors; de-là dépend la propreté, qui influe infiniment fur la falubrité de l'air. 4°. Il faut que le rez-de-chauffée du principal corps de logis foit elevé de quelques marches au-deffus du pavé de la cour & du jardin. Cet exhauffement eft néceffaire pour être à l'abri de toute humidité.

Il s'eſt introduit un uſage contraire à ce que je viens de dire au ſujet de l'entrée du corps de logis. Bien des gens ne veulent plus qu'elle ſoit dans le milieu, parce qu'ils prétendent que c'eſt s'ôter la plus belle piece de la maiſon pour en faire un veſtibule qui n'eſt qu'un lieu de paſſage. Ils prennent donc le parti de rejetter l'entrée dans l'un des angles ou ſur l'une des aîles. Cette idée m'a toûjours choqué. Il en réſulte une grande incommodité, c'eſt qu'un étranger en entrant dans la cour, eſt obligé de demander par où l'on entre dans la maiſon. Dès qu'on rejette la porte d'entrée dans l'angle, il faut néceſſairement pour la ſymmétrie en feindre une pareille ſur l'angle oppoſé. Dès-lors quelqu'un qui n'eſt pas au fait, ſe trouve néceſſairement dans le doute, & ne ſait plus de quel côté eſt la vraie ou la fauſſe entrée. On dira ſans doute que cet inconvénient eſt léger en comparaiſon de l'avantage que l'on tire d'un appartement qui occupe toute l'étendue du corps de logis, & qui n'eſt plus coupé par un veſtibule. J'avoue que cet avantage a quelque choſe de ſéduiſant. Mais auſſi dès-lors l'entrée du jardin ne peut plus être placée, que d'une maniere incommode ou mauſſade. Il faudra de deux choſes l'une, ou traverſer l'appartement pour y entrer directement par le milieu, ou n'y entrer abſolument que par le coin. Je dis plus, ces entrées rejettées dans l'angle de la cour ont un air de meſquinerie qui déplaît : elles annoncent que l'on eſt logé à l'étroit, & que l'on a été obligé de prendre la piece qui auroit dû ſervir de veſtibule pour augmenter l'appartement. D'ailleurs la porte d'entrée étant naturellement deſtinée à être l'iſsue commune de tout le corps de logis, sa place essentielle c'est le centre, d'où elle distribue également à toutes les extrèmités.

Au Château de Versailles l'entrée est disposée avec peu de soin. Quand on est dans la cour, on apperçoit dans le fond un très-petit corps de logis, où l'on a percé trois grandes ouvertures. On avance avec confiance, croyant que c'est l'entrée du Château. Quand on est arrivé, on trouve un vestibule dans lequel il faut descendre, & qui, outre cela, ne communique à rien. On voit les jardins devant soi, on cherche une porte, un escalier pour aller aux appartemens ; rien de tout cela ne se présente. De sorte que si l'on n'a pas soin de s'assûrer d'un guide, on sera long-temps à deviner par où il faut entrer.

La distribution intérieure touche encore de plus près à la commodité du logement que l'extérieure, & demande que l'on porte l'attention jusques aux plus petits détails. En supposant la porte d'entrée au centre, si le corps de logis a un étage au-dessus du rez-de-chaussée, il faut que l'escalier se présente d'abord en entrant, & qu'il soit placé de maniere que rien ne l'offusque, & que lui-même il n'offusque rien. La bonne maniere est de le jetter à côté du vestibule, & autant qu'il est possible au côté gauche, parce que naturellement c'est du pied gauche que l'on monte. Il est difficile qu'un escalier placé directement dans le centre & sur la porte d'entrée, n'entraîne bien des incommodités : témoin celui du Luxembourg qui est placé de la sorte. Outre ses autres défauts qui sont la grossiereté & le défaut de jour, il occupe la place du vestibule, il coupe la porte du jardin dans sa hauteur, & on ne peut rien voir de plus misérable que cette petite allée, qui sert de communication de la cour au jardin. Pour qu'un escalier occupe le centre sans rien gêner d'ailleurs, il faut qu'il soit à deux rampes, une de chaque côté de la porte d'entrée, & qui se réunissent au premier étage par un grand paillier au-dessus de la porte du salon, qui doit être entre le vestibule & le jardin. Un escalier pareil seroit également magnifique & commode ; il conviendroit parfaitement à la maison d'un Prince ou au palais d'un Roi. Dans les autres maisons où l'on ne doit pas faire une si grande dépense, il suffit d'un escalier à une seule rampe, & la meilleure maniere de le placer est celle que j'ai dit, parce qu'alors rien ne l'offusque, & il n'offusque rien. Pour rendre cet escalier commode, il faut 1°. que les rampes foient en ligne droite. 2°. Que les marches foient larges & peu élevées. 3°. Qu'il y ait des pailliers par intervalles. 4°. Qu'il foit parfaitement éclairé. Les rampes courbes ont toûjours une incommodité, c'eft que les marches font larges par un bout & étroites par l'autre ; de forte que d'une part le pied pofe difficilement, finon, de l'autre il faut de terribles enjambées. Les marches étroites caufent de la frayeur, & font vraiment périlleufes en defcendant : témoin celles du grand Autel de S. Sulpice, qui ont déja failli faire tourner la tête à plus d'un Prêtre. Les marches hautes fatiguent, & mettent hors d'haleine. Une longue rampe fans paillier a le même inconvénient ; cette fuite de marches fans interruption & fans repos effraye en defcendant, & fatigue en montant. L'efcalier eft la piece de la maison qui demande le plus de jour, parce que c'est celle où les faux pas entraînent les plus grands risques. Un escalier placé comme je viens de le dire, suppose un corps de logis double. Aussi n'est-ce que dans le corps de logis double, que l'on peut être logé commodément.

Les grands appartemens doivent être composés au moins d'une anti-chambre, d'une piece de compagnie, d'une chambre à coucher & d'un cabinet. Toutes ces pieces doivent être placées sur le jardin, & en enfilade. Dans le double du corps de logis il faut placer la salle à manger, les garde-robes, les cabinets de toilette, les bains & les aisances. Je ne mets ici que les choses dont on ne peut se passer, sans manquer essentiellement de commodité. Il faut que la salle à manger soit à portée de l'office & de la cuisine. Ces deux dernieres pieces ne sont commodément placées que fur les aîles du corps de logis. Les foûterrains font trop obfcurs, trop humides, trop difficiles à nettoyer, pour les deftiner à autre chofe qu'à fervir de cellier, de cave & de bûcher. Il faut que les garde-robes & les autres lieux d'aifances foient à portée de la chambre à coucher; & pour éviter toute mauvaife odeur, on doit fe fervir de lieux à l'angloife. Les autres appartemens doivent avoir chacun une anti-chambre, une chambre à coucher, un cabinet & une garde-robe. Je ne parle point des falles, des galleries, des bibliotheques, & de toutes les pieces qui ne font que pour la magnificence. Elles ne conviennent qu'aux maifons des grands Seigneurs; elles doivent être féparées des appartemens que l'on habite, & il eft toûjours facile d'en bien faire la diftribution.

Pour rendre les appartemens commodes, il faut 1°. obferver que les portes ne foient pas trop multipliées, elles donnent des vents coulis pernicieux, & gênent beaucoup pour l'ameublement ; qu'elles foient auprès des fenêtres ; qu'elles s'ouvrent à deux battans fans déborder fur l'épaiffeur du mur, qu'elles ferment aifément & parfaitement. 2°. Que les fenêtres foient fans appui, & ouvertes jufqu'au bas du pavé ; parce qu'alors elles éclairent infiniment mieux, & on a étant affis la vûe libre des jardins ; qu'elles s'ouvrent comme les portes fans déborder fur l'épaiffeur du mur, & qu'elles fe ferment avec la même exactitude & la même facilité. 3°. Que les cheminées ne foient en face ni des fenêtres ni des portes, & qu'on prenne toutes les précautions néceffaires pour qu'il n'y ait jamais de fumée. 4°. Que les lits foient dans de grandes alcoves, parce qu'on y eft mieux renfermé & plus chaudement. D'ailleurs l'ameublement de la chambre à coucher est plus facile & plus gracieux, quand il y a une alcove qui sépare le lit de la chambre. La commodité seroit parfaite, si des deux côtés de l'alcove, il y avoit une porte & une allée de communication dans les garde-robes.

Pour être logé bien commodément, il faudroit n'avoir personne au-dessus de soi, & n'être point obligé de monter. Le terrein est trop précieux dans les grandes Villes, pour réduire toutes les maisons à un simple rez-de-chaussée. Il n'y a que les Princes & les Rois à qui il soit possible de se loger bien au large, sans avoir la peine de grimper par un escalier, & sans mettre personne au-dessus de leurs têtes. On a eu grand tort de ne pas donner cette commodité à toutes les Maisons Royales. Convient-il que le Roi cede le rez-de-chauffée à qui que ce soit, ou qu'il y ait un premier dans sa maison. Pourquoi donc lui bâtir une demeure à plusieurs étages ? Pour les particuliers il n'en est pas de même. Leurs emplacemens bornés les mettent dans la nécessité de se loger les uns au-dessus des autres. Dans cette contrainte il y a pourtant une attention à avoir : c'est de faire ensorte que dans l'appartement superieur la chambre à coucher ne soit pas au-dessus de celle de l'appartement inférieur, mais sur quelque autre piece où il n'y ait point à craindre d'interrompre le repos de personne.

Dans la distribution d'un édifice, un Architecte doit être attentif à mettre tout le terrein à profit, & à ne rien laisser d'inutile. Pour peu qu'il ait l'esprit de combinaison, il tirera grand parti des irrégularités même, & on verra sous sa main les moindres petits recoins se métamorphoser en autant de commodités nouvelles. Rendons justice à nos Artistes: la distribution est une partie qu'ils possédent au souverain degré. Ils savent dans de très-petites espaces multiplier les logemens, & dans chaque logement ménager des commodités de toute espece. Leur adresse en ce genre a fait naître le goût des petits appartemens. Ce goût n'est pas absolument mauvais. Il seroit pourtant dangereux qu'il devint trop général, & qu'on vît désormais les plus grands Seigneurs avoir pour tout logement un labyrinthe de petites cellules. Les petits appartemens conviennent aux petites fortunes: mais dans les grandes maisons ils sont toûjours déplacés, à moins qu'ils n'y soient tout-au-plus comme des hors-d'œuvres de fantaisie.

Enfin les dégagemens contribuent

beaucoup à la commodité du logement. Je ne m'étendrai pas beaucoup fur cet Article qui n'eſt pas un de ceux où nos Architectes excellent le moins. On comprend ſous le nom de dégagemens toutes les pieces qui ſervent à donner des communications ſecretes du dedans d'un appartement dans les dehors. Ces dégagemens ſont néceſſaires pour éviter les longs circuits, & pour que l'on ait à portée de ſoi tous les ſecours qui peuvent venir des offices & autres endroits communs; pour ſe dérober quand on le ſouhaite, pour aller & venir ſans être gêné & gêner perſonne. Il eſt inutile d'entrer ici dans un plus grand détail. Il ſuffit de dire que les dégagemens ſont des choſes qu'un Architecte ne doit jamais négliger dans la diſtribution d'un appartement.

ARTICLE

ARTICLE III.

De la bienséance qu'on doit garder dans les Bâtimens.

LA bienséance exige qu'un édifice n'ait ni plus ni moins de magnificence qu'il n'en convient à sa destination ; c'est-à-dire que la décoration des bâtimens ne doit pas être arbitraire, qu'il faut qu'elle soit toûjours rélative au rang & à la qualité de ceux qui l'habitent, & conforme à l'objet que l'on a eu en vûe. Pour dire quelque chose de moins vague, distinguons les édifices publics d'avec les maisons particulieres.

Je mets au rang des édifices publics les Eglises, les palais des Princes, les Hôtels de Ville, les Tribunaux de la Justice, les Hôpitaux, les Communautés. Les églises ne peuvent être décorées

M

trop noblement : elles font le Sanctuaire de la Divinité ; il convient de leur donner un air majeſtueux, qui réponde à un objet ſi grand. On ne riſque donc jamais d'aller trop loin. On peut dire de nos égliſes que plus on les rend magnifiques, mieux on ſatisfait à la bienſéance. Il y a pourtant une choſe à obſerver, c'eſt que toutes ſortes d'ornemens ne conviennent point à la décoration de nos égliſes. Il n'y faut rien de profane, rien de biſarre, rien d'immodeſte ; il y a eu des Architectes qui ont eu aſſez peu de jugement pour orner la friſe d'une égliſe de tous les inſtrumens propres des Sacrifices du Paganiſme, ou de figures monſtrueuſes faites d'imagination & de caprice. C'eſt pécher ouvertement contre toutes les regles de la bienſéance. Il ne faut dans une égliſe rien que de ſimple, de mâle, de grave, de ſérieux ; rien qui puisse faire diversion à la piété, rien qui ne contribue à en nourrir, à en enflammer l'ardeur. Les nudités sur-tout en peinture & en sculpture en doivent être absolument bannies. Il est étonnant d'en voir quelquefois sur les Autels même, qui vont à l'indécence & au scandale. Le chœur de Notre-Dame est peut-être l'ouvrage, où l'on a gardé plus scrupuleusement les séveres bienséances dont je parle. Tout est noble, simple, modeste, religieux dans cette superbe décoration. Je n'y trouve qu'une chose à dire, c'est que dans le rond-point on a corrompu assez mal-à-propos l'Architecture de l'église, pour substituer du dur & du sec à quelque chose qui avoit plus de douceur & de mollesse, puisque de gros piliers quarrés ont pris la place des colonnes.

S'il faut de la magnificence dans les églises, il n'y faut point de superfluité.

Toutes les fois que je vais au dôme des Invalides, l'admiration que peut causer ce grand morceau d'Architecture, qui n'est pas d'ailleurs sans défaut, cede dans moi à la surprise que me donne son inutilité parfaite. Je trouve d'abord une église convenable & complette. Ensuite derriere le maître autel j'apperçois une nouvelle église prodigieusement enrichie de peinture, de marbre, de sculpture, de dorure, qui est elle-même un bâtiment complet. Je demande à quel usage ce grand dôme & tout ce qui l'accompagne : on ne sauroit en rendre raison. Je ne n'y vois que la fantaisie d'un grand Prince qui a voulu faire du beau, sans avoir une idée bien nette de ce qu'il vouloit faire. Je ne connois qu'un moyen de sauver ici la bienséance, c'est de consacrer cette église inutile à la sépulture de nos Rois. Une pareille destination feroit de ce temple un vrai mausolée, & il en a la forme. Ainsi les cendres de nos Rois se trouveroient réunies à celles des braves Guerriers qui les ont rendus invincibles ; & ce mausolée qui leur seroit commun à tous, offriroit un monument de leur grandeur infiniment plus auguste, que les petits tombeaux épars çà & là dans l'Eglise de saint Denys.

Les palais des Princes doivent être grands, vastes, magnifiquement décorés au dehors, richement meublés au dedans. Il leur faut à l'extérieur de larges avenues, des cours d'une étendue considérable ; dans l'intérieur, des sales, des galeries, de longues enfilades d'appartemens. Ce seroit une chose triviale de renouveller ici les réflexions chagrines que toute la Nation fait depuis long-temps sur le cahos de masures qui masquent entierement la belle façade du Louvre. Il faut espérer

que quelque jour on achevera ce Palais, &
qu'alors on rafera tous les bâtimens qui
en refferrent l'entrée, & qui en défendent les approches. Le Palais des Tuileries eſt à peu près dans le même cas. L'avenue de ce palais eſt des plus miférables,
ou plutôt il n'y en a point. Il faut fe gliffer à travers une foule de petites rues, &
on arrive enfin à une petite porte d'où
l'on entre dans une affez petite cour entourée de fimples murailles comme un
jardin bourgeois. On a cru faire merveille en bâtiffant cette longue galerie qui
joint les Tuileries au Louvre. De-là il
eſt arrivé qu'on n'a plus que de méchans
petits guichets pour aller de tout un côté
de Paris à l'un ou l'autre de ces Palais.
Le Château de Verfailles a de très-belles
avenues & de très-grandes cours. Mais la
décoration extérieure des bâtimens qui
donnent fur ces cours, ne convient point

du tout à une maison, où un Roi de France fait sa résidence ordinaire. Non-seulement cette décoration n'a rien de majestueux & de frappant : mais elle est extrèmement défectueuse. Ce qu'on appelle la cour de Marbre, est quelque chose d'assez médiocre à tous égards. Qu'est-ce que cette Architecture enchâssée dans de la brique, ces bustes plaqués contre des murs, ces morceaux de portiques grossierement dessinés sur les aîles, ces combles inutilement chargés de dorure ? Convenons que tout cet assemblage est de mauvais goût. Cette cour est beaucoup trop petite pour un Palais de cette conséquence. Louis XIV. qui faisoit toutes choses en grand, ne l'auroit jamais laissé subsister, si le respect pour une demeure que le Roi son pere avoit habitée, ne l'avoit emporté dans son cœur sur toute autre considération.

Pour donner à cette partie extérieure du Château un véritable air de noblesse, il faudroit un grand front de bâtiment, varié par des pavillons de différente hauteur & de diverse structure ; il faudroit sur les aîles de grands portiques à colonnes sur un plan ou elliptique ou mixtiligne, qui feroit la communication d'un corps de logis à l'autre : il faudroit qu'à travers ces portiques on pût appercevoir les jardins, ce qui donneroit à la Cour un dégagement & une gaieté surprenante. Il faudroit bien d'autres choses qui ne seront jamais. Quelque dessein que l'on prenne, quelque dépense que l'on fasse, il sera très-difficile par un simple racommodage de faire du beau & du grand dans les cours intérieures du Château de Versailles. L'intérieur ne vaut gueres mieux. Lorsqu'après avoir bien cherché, on trouve enfin l'escalier pour monter à l'appartement, on est fort étonné de ne trouver ni vestibule ni sale, mais deux ou trois petites pieces qui conduisent à une anti-chambre ou l'on entre par le coin, & qui prend jour par une lucarne : c'est pourtant l'anti-chambre du Roi. De-là on passe dans la chambre & le cabinet. Ici l'enfilade est encore interrompue, & l'appartement continue sur le retour d'une des aîles. Quand on a tout parcouru, on revient & on dit : J'avois une meilleure idée du logement du plus grand Roi du monde. On demande où est cette fameuse gallerie dont on parle tant. Si on veut prendre le plus court, on vous ouvre la moitié d'une glace, & vous voilà dans la gallerie sans savoir comment vous y avez pénétré. Si on veut vous mener par la belle entrée, on vous fait redescendre, traverser la cour, on vous conduit à un autre escalier aussi indevinable que le précédent. Vous montez, & vous voilà non pas dans un vestibule, mais dans le milieu du grand appartement. De-là vous traversez plusieurs pieces de diverses grandeurs, & vous arrivez enfin au magnifique Salon qui est la vraie entrée de la gallerie. Il est certain que le Château de Versailles renferme de grandes beautés : mais il est peu d'édifices qui soient remplis d'autant de défauts. Il n'est digne d'un grand Prince que par sa vaste étendue, & par les richesses de tout genre qui y abondent. Les chef-d'œuvres de toute espece, dont ce superbe Palais est rempli, exciteront toûjours avec justice la curiosité des amateurs. Nulle part dans le monde on ne trouve tant de prodiges à admirer. Qu'il est fâcheux que pour les Connoisseurs l'admiration ne soit pas entiere, & que l'Architecture des bâtimens en leur offrant les plus grandes beautés, les leur montre défigurées par les plus grandes taches. Rien ne prouve mieux que l'imperfection est le sort des choses humaines.

La magnificence convient jusqu'à un certain degré aux Maisons de Ville, aux Tribunaux de la Justice, aux Places, & aux autres Edifices publics de cette espece. Je ne dirai rien de l'Hôtel de Ville de Paris ; la résolution que l'on a prise d'en bâtir un nouveau, prouve qu'on sent tout ce que l'ancien a de défectueux. Ce qu'on nomme le palais, a de l'étendue : mais d'ailleurs il n'y a rien ni dans l'extérieur ni dans l'intérieur, qui réponde à la haute idée qu'on doit avoir d'un lieu à tous égards si respectable. Nos places manquent toutes, d'un je ne sçai quel air de grandeur qui leur sieroit si bien. La Place Royale la plus spatieuse de toutes pourroit être belle, si on faisoit sauter cette grille de fer qui est dans le milieu & qui ressemble à l'enclos d'un jardin ; si on muroit ces portiques écrasés qui regnent tout-au-tour, & qui valent moins que le plus mauvais cloître de Moines ; si on abbatoit les grands pavillons qui masquent les deux principales entrées ; si on perçoit de grandes rues aux quatre coins ; alors elle auroit l'air d'une place. Telle qu'elle est, on ne peut la regarder que comme une cour, dont on a pris le milieu pour faire n jardin. La Place des Victoires , quoique la plus petite, est cependant la plus belle, à cause de cette multitude de grandes rues qui y aboutissent. La Place de Louis le Grand est admirée du commun pour l'exacte symmétrie & la riche Architecture qui y regne. Si l'on veut bien faire attention aux principes que j'ai établis dans le premier Chapitre, on trouvera bien des taches à reprocher à l'Architecture des bâtimens qui enveloppent cette place. De plus la décoration de ces bâtimens n'a aucune espece de variété, & la place elle-même n'est que comme une cour isolée, où aucune rue n'aboutit directement; & qui est si bien enfermée de toutes parts, que quand on est dans le milieu, on seroit tenté de croire qu'il n'y a plus moyen d'en sortir. Une place pour être belle doit être un centre commun, d'où l'on peut se répandre en différents quartiers, & où de différens quartiers on peut se réunir; il faut donc que plusieurs rues y aboutissent, comme les routes d'une forêt dans un carrefour. La vraie décoration des places, ce sont les portiques; & si on y joint des bâtimens de diverse hauteur & de différente forme, la décoration sera parfaite. Il y faut de la symmétrie : mais il y faut aussi un certain désordre qui varie & augmente le spectacle. Les places peuvent être ornées de fontaines & de statues. Nous n'avons proprement aucune belle fontaine. Il est décidé parmi les faiseurs de descriptions, qu'on mettra la fontaine des saints Innocens au rang des merveilles de cette Capitale. On peut vanter en effet le ciseau qui en a taillé les sculptures : mais dira-t-on que l'idée d'une tour quarrée avec des fenêtres dans l'entre-deux des pilastres, soit l'idée d'une fontaine. Me renverra-t-on à la rue de Grenelle, pour m'y faire voir quelque chose de mieux ? J'avoue qu'ici je trouve de belles statues & du beau marbre. Je crois voir un retable d'Autel, & je suis fort étonné d'apprendre par l'eau qui coule au bas, que c'est une fontaine. On ne peut assez loüer

SUR L'ARCHITECTURE. 191

les rares talens & la noble émulation du célebre Bouchardon. Si nous avons aujourd'hui en fait de sculpture la supériorité sur les autres Nations, nous en avons l'obligation principale à ce nouveau Phidias. Avec un génie tel que le sien, il auroit pû faire un chef-d'œuvre de cette fontaine, dont je condamne l'idée, & dont j'admire l'exécution. Il lui auroit fallu une place plus commode & plus avantageuse ; & comme il n'a pas eu la liberté de penser, d'imaginer à son gré, il a donné presque nécessairement dans une idée fausse. Les Italiens en ce point l'emportent infiniment au-dessus de nous. Il faut aller à Rome pour prendre le goût des belles fontaines. Elles y sont en grand nombre, & quoique fort différentes les unes des autres, elles ont toutes un je ne sai quoi de vrai & de naturel qui enchante. Y a-t-il rien de si heureux, de si noble, de si caractérisé que la fontaine de la Place Navone? Voilà un modele dont nous n'avons point encore approché.

Les statues sont l'ornement le plus ordinaire de nos places. Rien n'est plus raisonnable & mieux pensé, que de préférer les places à tout autre endroit, quand il s'agit d'élever un monument destiné à immortaliser la mémoire des bons Rois: mais il seroit absurde d'établir pour principe, qu'à chaque statue il faut absolument une place. On a vû de nos jours des étourdis proposer hardiment de jetter bas huit ou neuf cents maisons, pour avoir où placer la statue de Louis XV. Le Roi par une très-noble façon de penser qui lui est ordinaire, s'est opposé à une si cruelle dévastation de sa Capitale; il a mieux aimé que sa statue fût moins bien placée, que de forcer dix mille Citoyens à déloger. Le système a donc été changé

changé : mais l'idée d'une place ne s'est point évanouie. On pense toûjours que la statue du Roi ne sauroit se passer de cet accompagnement dispendieux. Il est question, dit-on, de construire une place sur ce grand terrain qui est entre le Pont tournant & les Champs Elysées. Je ne doute point qu'avec beaucoup de dépense, on ne vienne à bout d'y faire du beau : mais il sera toûjours vrai de dire que c'est une place au milieu des champs, & cette réflexion suffit pour jetter du ridicule sur le projet. Eh quoi ! une statue exige-t-elle essentiellement une place ? Celle d'Henri, IV. sur le Pont-neuf n'est-elle pas dans une position cent fois plus avantageuse, que toutes les autres ? Quel inconvénient, y auroit-il de destiner ce même Pont-neuf, à réunir les différentes statues de nos Rois, à qui l'amour des peuples voudra en ériger ? Il me semble que sans beaucoup de frais, on pourroit élever fur ce pont de diftance en diftance des maffifs, fur lefquels on placeroit bien des ftatues. De pareils ornemens en feroient le plus beau pont de l'Univers, & rien ne feroit plus avantageux que cette pofition au centre & dans l'endroit le plus apparent de la Ville. Si on s'obftine à vouloir toûjours une place pour chaque ftatue qu'il y aura lieu d'exiger, il faudra de deux chofes l'une, ou dépeupler Paris ou l'agrandir à chaque fois. Les Romains étoient plus fages que nous. Ils ont érigé des ftatues plus que nous n'en érigerons jamais. Ils n'ont rien négligé pour les rendre parfaites, & les ont placées enfuite où ils ont pû, fans incommoder, fans déranger perfonne.

Il feroit naturel en multipliant les ftatues d'en varier le deffein. Nous avons déja trois ftatues équeftres, voilà bien de l'uniformité. Il n'y a que la place des Victoires qui nous offre une statue d'un goût différent. Il est à souhaiter que désormais nos Sculpteurs enfantent de nouvelles idées. En employant les groupes, il leur sera facile d'éviter les répétitions trop fréquentes du même dessein, ils pourront mettre du feu, de l'expression, de l'invention à ces monumens qui en manquent presque tous. Je ne sai si la manière usitée d'habiller nos statues est la plus convenable & la meilleure. Pourquoi donner le change à la postérité ? Pourquoi travestir nos Héros sous des vêtemens, qui, parmi nous, ne furent jamais d'usage ? Si les Romains avoient eu cette bisarrerie, nous leur en saurions très-mauvais gré. C'est faire une infidélité aux siecles à venir, que de retrancher ou d'altérer ce qui pouvoit caractériser à leurs yeux nôtre nation & notre siecle.

Les Hôpitaux doivent être bâtis solidement, mais simplement. Il n'y a point d'édifice où la somptuosité soit plus contraire aux bienséances. Des maisons destinées à loger les pauvres, doivent tenir quelque chose de la pauvreté. Le nouvel Hôpital des Enfans-trouvés a plus l'air d'un Palais que d'un Hôpital. Tant de magnificence annonce ou beaucoup de superflu dans la fondation, ou peu d'économie dans l'administration ; c'est donc une magnificence très-déplacée. Rien de plus élégant que la Chapelle de cet Hôpital, dont la décoration est un petit chef-d'œuvre ; l'idée véritablement heureuse est aussi naturellement exécutée que noblement conçue : mais encore une fois c'est trop de beautés réunies dans une maison qui cesse d'intéresser la charité, dès que la curiosité trouve trop à s'y satisfaire. Il faut que les pauvres soient logés en pauvres. Beaucoup de propreté & de commodité, point de faste.

J'en dis autant à proportion des Seminaires ou Communautés séculieres & régulieres. Ces sortes d'édifices doivent toûjours avoir à l'extérieur toute la simplicité convenable à l'état des personnes qui les habitent. Tout ce qui annonce la superfluité dans la dépense, tout ce qui est de pur ornement, doit en être banni. Le Public amateur des bienséances ne voit jamais qu'avec chagrin ces façades superbes qui ornent des maisons, où ne doit régner que le mépris du monde, l'esprit de retraite & de pénitence.

Pour les maisons des particuliers, la bienséance veut que leur décoration soit proportionnée au rang & à la fortune des personnes. Je n'ai rien de particulier à observer à cet égard, sinon qu'il seroit à souhaiter que chacun se rendît si bien justice qu'on ne vît point des gens qui n'ont pour eux que l'opulence, égaler, surpasser même par la magnificence extérieure & intérieure de leurs maisons les premiers Seigneurs & les plus grands du Royaume. J'avoue que les Architectes ne font pas toûjours les maîtres de suivre à la rigueur les bienseances dont je viens de parler. L'orgueil des particuliers leur prescrit des loix, auxquelles ils sont forcés de se soûmettre. Cependant il dépend pour l'ordinaire de l'Architecte qui fournit le dessein d'y mettre plus ou moins de simplicité, selon que la bienséance du sujet l'exige. Quand on le consulte, il ne doit proposer que ce qui convient. S'il est jaloux de sa réputation, il ne cherchera point par des desseins éblouïssans à flatter la vanité de gens à qui le faste ne convient point, & qui ne sont souvent que trop portés d'eux-mêmes à s'égarer au-delà des bornes. Un Architecte connoissant parfaitement ce qui convient à un chacun, étendra ou resserrera ses idées selon ce discernement, n'oubliant jamais ce principe vrai, qu'un beau bâtiment n'est pas celui qui a une beauté arbitraire ; mais celui qui relativement aux circonstances, a toute la beauté qui lui est propre, & rien au-delà.

CHAPITRE QUATRIEME.

De la maniere de bâtir les Eglises.

LEs Eglises sont de tous les édifices ceux où un Architecte a plus d'occasions de mettre en œuvre toutes les merveilles de son Art. Destinées à renfermer dans leur sein une nombreuse multitude qui y porte l'idée religieuse du Dieu qu'elle vient adorer, nos églises laissent à l'Architecte la liberté de travailler en grand, & ne mettent point de bornes à la noblesse de ses idées. Il est étonnant, tandis que nous avons en tout autre genre des édifices dignes d'admiration; il est étonnant, dis-je, que nous ayons si peu d'églises qui méritent d'intéresser une curiosité éclairée. Pour moi, je suis convaincu que jusqu'à présent nous n'avons point eu le vrai goût de ces sortes de bâtimens. Nos églises gothiques sont encore ce que nous avons de plus passable. A travers cette foule d'ornemens grotesques qui les déparent beaucoup, on y sent, je ne sçai quel air de grandeur & de majesté qui saisit. On y trouve le facile & le délicat, il n'y a que le simple & le naturel qui y manquent.

Nous avons renoncé avec raison aux bisarreries de l'Architecture moderne, nous sommes revenus à l'antique : mais il semble que nous ayons perdu à ce retour de bon goût. En nous éloignant des Modernes, nous avons quitté la délicatesse ; en recourant aux Anciens, nous avons rencontré la pesanteur : mais c'est que nous n'avons fait que la moitié du chemin. Nous sommes restés dans l'entredeux, & il en est résulté une nouvelle sorte d'Architecture qui n'est antique qu'à demi, & qui pourroit faire regretter l'abandon général que nous avons fait de l'Architecture moderne. Un simple jugement de comparaison va éclaircir la chose.

J'entre dans l'église de Notre-Dame, c'est à Paris le plus considérable de nos édifices gothiques, & il n'est pas à beaucoup près de la beauté de certains autres qu'on admire dans les Provinces. Cependant au premier coup d'œil mes regards sont arrêtés, mon imagination est frappée par l'étendue, la hauteur, le dégagement de cette vaste nef; je suis forcé de donner quelques momens à la surprise qu'excite dans moi le majestueux de l'ensemble. Revenu de cette premiere admiration, si je m'attache au détail, je trouve des absurdités sans nombre: mais j'en rejette le blâme sur le malheur des temps. De sorte qu'après avoir bien épluché, bien critiqué, revenu au milieu de cette nef, j'admire encore, & il reste dans moi une impression qui me fait dire: Voilà bien des défauts, mais voilà qui est grand. De-là je passe à saint Sulpice, église la plus considérable de toutes celles que nous avons bâti dans le goût de l'Architecture antique. Je ne suis ni frappé ni saisi, je trouve l'édifice fort au-dessous de sa réputation. Je ne vois que des épaisseurs & des masses. Ce sont de grosses arcades enchâssées entre de gros pilastres, d'un ordre corinthien très-lourd & très-gros, & par-dessus le tout une grosse voûte dont la pesanteur fait craindre pour l'insuffisance de ses gros appuis. Que dirai-je de ce jubé qui masque la principale entrée de l'église ? C'est un joli morceau d'Architecture, mais qui n'est pas plus fait pour être là, qu'une petite maison est faite pour être renfermée dans une grande. Que dirai-je du grand portail? C'est une idée excellente, mais manquée. Le sieur Servandoni touchoit presque à la perfection, il s'est arrêté en-deçà. Pour faire quelque chose de ce portail, il auroit fallu accoupler les colonnes non en profondeur, mais de front; supprimer dans le premier entablement cette énorme corniche dorique, qui aura tant de peine à résister aux injures de l'air; mettre le second ordre en colonnes isolées comme le premier; au moyen de quoi on auroit au moins sauvé l'ouvrage d'un excès de groſſiereté. Il auroit fallu encore dégager les deux tours qui flanquent le portail, on auroit dû leur donner une forme moins feche & moins maſſive. Je ne pouſſerai pas plus loin les obſervations ſur un édifice qui fera toûjours gémir les connoiſſeurs ; & qui en immortaliſant le zele & les bonnes intentions du célebre M. Languet, prouvera à toute la poſtérité que notre ſiecle ne fut point le ſiecle de la bonne Architecture.

Preſque toutes nos égliſes modernes ſont dans le même goût. C'eſt toûjours des pilaſtres, des arcades & une voûte. Il y a du plus ou du moins dans la peſanteur. La vraie délicateſſe & l'air majeſtueux ne ſe trouvent dans aucune. D'où je conclus que nous n'avons point encore atteint en ce genre la bonne maniere de bâtir. Je vais propoſer ici les idées que m'ont fourni mes reflexions & mes lectures. Ce que j'imagine, me paroît beaucoup mieux que ce que l'on fait. J'en fais juges les Connoisseurs & les Maîtres.

Jusqu'à préfent en fait d'églife, nous n'avons fait que copier les ouvrages gothiques de nos Anciens. Nous faifons comme eux des nefs, des bas côtés, des croifées, des chœurs, des ronds-points ; nous mettons des arcades où ils en mettoient, nous perçons les jours un peu plus mal qu'eux. Toute la différence c'eft qu'on trouve dans nos églifes modernes l'idée au moins imparfaite d'une bonne Architecture, & que dans les anciennes il ne fe préfente rien en ce genre qui ne foit défectueux. Nous blâmons la hauteur de leurs voûtes. Il eft pourtant certain que cette hauteur excessive en apparence contribue infiniment à rendre l'édifice majestueux. Il eft vrai qu'en fuivant les regles que nous

nous sommes proposées jusqu'ici, nous ne saurions donner à nos églises la même élevation. Aussi paroissent-elles toutes de beaucoup trop basses, ce qui les empêchera toûjours d'avoir un coup d'œil satisfaisant.

J'ai cherché si en bâtissant nos églises dans le bon goût de l'Architecture antique, il n'y auroit pas moyen de leur donner une élevation & une légereté, qui égalât celle de nos belles églises gothiques. Et après avoir bien pensé, il m'a paru que non seulement la chose est possible, mais qu'il nous est beaucoup plus facile d'y réussir avec l'Architecture des Grecs, qu'avec toutes les découpures de l'Architecture arabesque. En nous servant des colonnes isolées, nous aurons la légereté; & en mettant deux ordres l'un sur l'autre, nous atteindrons à l'élevation requise.

Voici donc comment je voudrois que mon idée fût exécutée. Choisissons la forme la plus ordinaire, qui est celle d'une croix latine. Je mets dans tout le pourtour de la nef de la croisée & du chœur un premier ordre d'Architecture, dont les colonnes parfaitement isolées portent sur un socle peu élevé, & sont accouplées comme au portique du Louvre, pour donner plus de largeur aux entre-colonnemens. Sur ces colonnes je mets l'Architrave en plate-bande, & je termine cette architrave par une doucine de médiocre saillie ; sur quoi j'éleve un second ordre d'Architecture à colonnes isolées & accouplées comme le premier. Ce second ordre a son entablement entier en plate-bande, & au-dessus de cet entablement sans aucune sorte d'attique, j'éleve une voûte à plein cintre toute unie & sans arcs doubleaux. Ensuite je fais régner autour de la nef de la croisée & du chœur, des bas côtés en colonnes formant un péristyle exact, couvert par les plat-fonds des architraves du premier ordre. Je mets au-delà de ce péristyle les chapelles qui ont pour ouverture la largeur des entre-colonnemens. Ces chapelles forment toutes un quarré parfait, où quatre colonnes dans les angles supportent une architrave avec son plat-fond. Chaque chapelle a deux côtés ouverts & deux fermés. Les deux ouverts sont celui de l'entrée où il n'y a qu'une simple grille de clôture, & celui vis-à-vis l'entrée qui est tout en vitres: les deux autres côtés qui font la séparation d'une chapelle à l'autre, sont remplis l'un par l'Autel de la chapelle, l'autre par un grand morceau correspondant, de peinture ou de sculpture. Enfin, j'appuie la grande voûte par des contre-forts en arc-bouttans, qui ont pour base les murs de

séparation

séparation d'une chapelle à l'autre, & qui vont butter au-dessus des chapiteaux du second ordre.

Voilà mon idée, en voici les avantages. 1°. Une Architecture pareille n'a rien que de naturel & de vrai, tout y est réduit à la simplicité des regles, & exécuté selon les grands principes ; point d'arcades, point de pilastres, point de piédestaux, rien de gêné, rien de contraint. 2°. Cette Architecture est d'une élégance & d'une délicatesse extrême : le nud du mur n'y paroît nulle part ; il n'y a donc rien de superflu, rien de massif, rien de choquant. 3°. Les jours y sont placés de la maniere la plus convenable & la plus avantageuse. Tous les entre-colonnemens sont en vîtres en haut & en bas. Ce ne sont plus de simples lucarnes percées dans la voûte comme dans les églises ordinaires, mais de vraies &

grandes fenêtres. 4°. Les deux ordres mis l'un fur l'autre donnent à la nef, à la croifée & au chœur cette grande élévation d'où réfulte l'air majeftueux ; élévation qui n'a plus rien d'irrégulier, & qui n'exige point qu'on donne aux colonnes un module exorbitant. 5°. Dans cette grande élévation la voûte, quoi qu'à plein cintre, perd toute fa pefanteur ; fur-tout étant délivrée des arcs doubleaux qui l'appefantiffent infiniment. 6°. Au dégagement, à la fimplicité, à l'élégance & à la nobleffe d'une pareille Architecture, on pourroit facilement joindre la richeffe & la magnificence. Il n'y auroit qu'à en tailler de bon goût les différens membres. La voûte même étant toute unie pourroit fervir de champ à un très-grand deffein de peinture & de fculpture. Il eft donc vrai que cette maniere de bâtir feroit préférable à tous égards à la maniere ordinaire. Voyons les inconvéniens & les difficultés qui peuvent y mettre obstacle.

Il n'est plus question d'incidenter sur l'impossibilité prétendue de faire des architraves en plate-bande : j'ai déja répondu qu'on n'avoit qu'à étudier le trait des travées de la Chapelle de Versailles, ou de l'entablement du portique du Louvre ; ces deux exemples font évanoüir entierement la difficulté. On dira peut-être que de simples colonnes ne sauroient porter une aussi grande voûte que celle d'une église. Je réponds que rien n'est plus vain que cette difficulté. La charge ne sera point trop forte pour les colonnes, si la voûte n'a qu'une médiocre épaisseur ; & qu'est-il nécessaire de lui en donner une grande ? La poussée de la voûte sera suffisamment retenue par les contre-forts en arc-bouttans, comme elle l'est dans les églises gothiques. Je ne vois donc pas où eſt l'impoſſibilité. Il y a déja plus d'une égliſe où la grande voûte n'eſt ſoutenue que par des colonnes. A Notre-Dame en particulier tout eſt porté ſur de ſimples colonnes, qui forment le périſtyle des bas côtés. Dira-t-on que la voûte à plein cintre ſeroit forcée d'appuyer immédiatement ſur l'entablement en plate-bande du ſecond ordre, ce qui eſt impoſſible? Je réponds que cette voûte n'appuieroit point du tout ſur cet entablement, & qu'elle pourroit être ſoutenue dans les entre-colonnemens par un arc extrèmement ſurbaiſſé, qui laiſſeroit un très-petit vuide que l'on rempliroit enſuite aiſément. Dira-t-on encore qu'il en coûteroit trop de bâtir ainſi. Je réponds qu'il en coûteroit moins de matériaux & plus de travail. Il faudroit aux ouvriers plus d'habileté & de préciſion. Il ne tient qu'à eux d'acquérir l'une & l'autre; & un

Architecte qui a de l'émulation & du génie, peut aifément furmonter cet obftacle en dirigeant l'ouvrage avec une fcrupuleufe attention, & en traçant avec exactitude la befogne aux ouvriers, qui exécutent toûjours fidelement ce qu'on leur commande. Au refte quand la dépenfe feroit un peu plus grande, ce n'eft pas ce que l'on confidere, quand il s'agit de faire du beau. Si nos Anciens avoient eû égard à la dépenfe, les églifes d'Amiens, de Bourges & de Rheims n'auroient jamais exifté. Le grand objet de l'Art eft de bien faire, & de ne rien épargner pour réuffir.

L'ufage ordinaire eft de terminer nos églifes en rond-point. La queftion qui fe préfente d'abord à examiner, c'eft s'il convient de conferver cet ufage, s'il eft de quelque néceffité ou utilité, fi même il eft dans les bonnes regles. Les rond-points plaifent aux yeux de la multitude. Mais à quoi fervent-ils ? Que fignifient-ils ? Dans un plan rectiligne tel que celui de nos églifes, il eft bien difficile de fauver tous les inconvéniens qui réfultent du mélange des lignes courbes avec les lignes droites. Ces inconvéniens les voici : 1°. L'endroit où la ligne courbe du rond point fe raccorde avec la ligne droite de l'enceinte du chœur, grimace toûjours. Si ce point de jonction répond immédiatement au centre de la colonne comme cela doit être, il y a toûjours une moitié de la colonne qui porte à faux. 2°. Les bas côtés font obligés de prendre autour du rond-point un plan circulaire. De-là il arrive qu'on ne voit point exactement d'un bout à l'autre du bas côté, la vûe fe terminant d'une maniere équivoque dans l'extrémité où commence le plan circulaire. 3°. Autour du rond-point les plat-fonds des bas côtés ne font plus quarrés. Ils se changent en la figure la plus irréguliere, dont deux côtés font rectilignes & non paralleles, & deux autres font en portions de cercles concentriques. Or j'ai déja dit qu'on ne fauroit trop éviter en Architecture ces fortes de figures irrégulieres. 4°. Dans les bas côtés autour du rond-point, les entre-colonnemens ne peuvent plus être efpacés également, ce qui eft le plus grand des défauts. Au lieu que fi l'on termine tout quarrément, il n'y a aucun de ces inconvéniens à craindre.

Je ne vois pas que les rond-points aient aucun avantage qui mérite par lui-même qu'on n'ait aucun égard aux inconvéniens qui pourroient en réfulter. On prétend que leur forme eft agréable, & que cette façon de terminer une églife a une grace piquante, qui a engagé les

Artistes à la rendre universelle. J'avoue que généralement parlant, les plans circulaires ont quelque chose de moins sec & de plus élégant que les plans rectilignes. Je sai que les figures rondes sont par elles-mêmes préférables aux figures anguleuses : mais l'essentiel est de les bien employer. Lorsque l'emploi qu'on en fait, entraîne des inconvéniens qui mettent de la confusion & du désordre dans la composition, cet emploi ne peut être que répréhensible. Il en est comme des figures dans l'éloquence, qui, mises hors de leur place, rendent le discours vicieux.

J'ai long-temps examiné, si l'on ne pourroit pas conserver ces agréables rond-points, sans tomber dans aucun des inconvéniens dont je viens de parler. Voici tout ce qui s'est présenté à mon esprit. Une maniere toute simple seroit de ne pas faire tourner les bas côtés autour du rond-point, de les terminer quarrément à la naissance du rond point ; desorte qu'il n'y auroit qu'un seul & unique plan circulaire, & que tous les cercles concentriques, ultérieurs seroient retranchés. On l'a pratiqué ainsi dans nos plus anciennes églises. Cette pratique universelle d'autrefois a un avantage, c'est que le rond-point peut être tout en vîtres de haut en bas, ce qui le rendroit d'une légereté & d'un éclat incomparable. Une seconde maniere, dont je n'ai point encore vû d'exemples, seroit de faire régner le péristyle des bas côtés, toûjours en ligne droite & quarrément autour de la nef, de la croisée & du chœur; tandis que l'intérieur du Sanctuaire seroit terminé en une espece de demi-dôme; qui auroit ses colonnes particulieres différentes de celles du péristyle. Par cette méthode on sauveroit la plûpart des in-

convéniens du rond-point : mais il en ré-
sulteroit quelques autres qui ne sont pas
d'une médiocre conséquence. 1°. Il y auroit dans ce rond-point une confusion de
colonnes tout-à-fait desagréable. 2°. Les
architraves circulaires du demi-dôme ne
se raccorderoient jamais bien avec les architraves rectilignes des bas côtés. 3°. Il
resteroit entre le demi-dôme & le péristyle
des bas côtés un espace vuide de part &
d'autre ; espace très-irrégulier, puisque
ce seroit un triangle rectangle, dont
l'hypotenuse seroit courbe.

De toutes ces considérations je conclus
que le mieux seroit de se passer de rond-
points, & de tout terminer par des lignes droites. Mais au cas qu'on ne veuille
point absolument y renoncer, je crois
qu'il est du bon goût & de la bonne entente du dessein, de terminer en rond-
point non seulement le chœur, mais en-

core les deux bras de la croisée, comme cela s'est pratiqué à l'église de S. Pierre de Rome.

J'ai déja dit ailleurs qu'on ne peut trop condamner l'usage des dômes, dont l'idée telle qu'on l'a exécutée jusqu'à présent, est contraire à toutes les regles de la bonne Architecture. Si l'on veut dans le centre de la croisée donner à la voûte plus d'élévation que dans les autres parties, on peut en façon de dôme y élever une sorte de baldaquin, dont le dessein léger puisse sympathiser avec l'idée de voûte. Dès-lors point de colonnes, & rien de tout ce qui a besoin de porter dès les fondemens. Un Architecte comprendra sans peine les raisons qui me déterminent à prononcer ainsi. Avec du génie & du talent il imaginera sur l'idée que je lui présente un dessein de voûte qui aura toute la singularité, tous les avantages du dôme sans en avoir les inconvéniens.

Après avoir ainsi construit l'intérieur de notre église, il ne nous reste plus qu'à régler la disposition & la décoration des Autels. Je ne suis point du sentiment de ceux qui veulent que le maître Autel soit placé dans le centre de la croisée, immédiatement sous le dôme qui doit lui servir de baldaquin, comme cela se trouve pratiqué dans l'église de S. Pierre de Rome. J'avoue que cette place est la plus avantageuse de toutes, étant le point où toutes les parties de l'édifice vont se réunir, & qui est en vûe à un plus grand nombre de spectateurs. Mais voici ce qui m'engage à ne point placer le maître autel dans ce lieu, quoique le plus apparent. 1°. Il est très-difficile d'imaginer un dessein d'Autel, capable de faire une sensation tant soit peu majestueuse, au milieu d'un vuide aussi grand que celui qui se rencontre dans le centre de la croisée. Voyez le grand autel de S. Sulpice, remarquez combien il paroît peu de chose au coup d'œil, quoiqu'il soit si monstrueusement grand qu'il ne reste qu'un assez petit espace pour circuler autour. Ce seroit bien pis, si au lieu de le mettre à l'entrée du chœur, on l'avoit avancé jusques dans le centre de la croisée. A S. Pierre de Rome on a corrigé ce défaut, en élevant sur l'autel principal un grand & superbe baldaquin. Mais imiter cette pratique, c'est mettre un baldaquin sous un autre baldaquin, & une petite maison dans une grande. 2º. Un autel placé de la sorte coupe l'église en deux, & empêche que la vûe ne se porte librement d'une extrèmité à l'autre, ce qui diminue beaucoup la satisfaction du spectateur. 3º. Cette disposition dérobe au peuple la vûe des cérémonies qui se font dans le chœur pendant la célébration des saints Offices, & ceux qui sont dans le chœur ne peuvent rien voir de ce qui se passe à l'autel. Ces raisons me paroissent suffisantes pour conclurre que le centre de la croisée n'est pas la place la plus convenable à l'autel principal. Mon sentiment est de le mettre toûjours dans le fond du chœur, pourvû que l'on supprime tous ces ambons, qui, dans presque toutes nos églises Cathédrales, barricadent l'entrée du chœur, & le rendent impénétrable à tous les regards.

Je mettrois donc une simple grille de clôture qui fermeroit exactement toute l'enceinte du chœur, sans en gêner aucunement la vûe. Les stales seroient en avant à droite & à gauche : il n'y auroit dans le milieu ni aigle ni lutrin, qui pût offusquer la vûe du Sanctuaire. Ce

Sanctuaire seroit élevé de quelques marches au-dessus du pavé du chœur. Au milieu de ce Sanctuaire j'éleverois une grande estrade à plusieurs marches, & isolée de toutes parts; de maniere qu'on pût circuler aisément tout autour. Dans le centre de cette estrade seroit placé l'autel. Il est évident qu'une pareille disposition a tous les avantages qu'on peut désirer. L'autel est vû de tout le monde. Environné de près par le péristyle du Sanctuaire, il en résulte un tout qui a de la magnificence & de la grandeur. Il est facile de le décorer d'une maniere également simple & majestueuse. Et voici à peu-près quelle doit être cette décoration.

Un tombeau dont les contours soient bien dessinés & bien naturels, voilà la forme la plus convenable, parce qu'elle rappelle l'ancien usage de l'Eglise, de

célébrer les saints Myſteres ſur le tombeau des Martyrs. Au-deſſus de ce tombeau deux ſimples gradins avec une urne dans le milieu, ſervant de Tabernacle: aux deux extrémités deux Anges adorateurs, voilà tout le néceſſaire. Ce qu'on ajoûteroit au-delà, ſeroit ſuperfluité & colifichet. L'autel de Notre-Dame peut ſervir de modele en ce point. Les alentours de l'autel peuvent être enrichis & contribuer à la décoration de l'autel même. Dans les entre-colonnemens du periſtyle qui regne autour du Sanctuaire, on peut placer des groupes en marbre ou en bronze, relatifs à l'objet particulier de la Dédicace de cet autel. Dans le milieu à la hauteur de l'architrave qui ſépare les deux ordres d'Architecture, on peut placer une gloire avec divers groupes d'Anges voltigeans dans les airs autour d'un centre rayonnant, où ſeroit le
triangle

triangle avec le nom de Dieu. On peut mettre toute l'Architecture du Sanctuaire en marbre, & en dorer toute la sculpture. On peut enfin terminer toute cette décoration par un grand morceau de Peinture dans la voûte, correspondant aux objets qui sont représentés dans le bas, de sorte qu'il en résulte un dessein unique & un vrai tout.

Un autel ordonné comme je viens de dire, seroit d'une beauté parfaite, & présenteroit à la vûe un très-grand spectacle. Le Service Divin s'y feroit avec beaucoup de facilité; les cérémonies y feroient à la vûe de tout le peuple. D'ailleurs il n'y auroit point d'ornement postiche & emprunté; tout y feroit dans la simplicité & le vrai goût de la bonne Architecture. Je ne balance donc point à lui donner la préférence sur tous ces retables ridicules, qui jusqu'à présent ont fait la décoration de nos autels ; retables chargés de colonnes déplacées, de niches, de frontons, de cartouches, de ſtatues, de piédeſtaux jettés çà & là, ſans ordre & ſans deſſein ; retables qui bien loin de faire un tout avec l'Architecture de l'égliſe, ne ſervent qu'à la maſquer, à l'interrompre, à la défigurer, à y mettre de la confuſion & du déſordre.

Je ne voudrois point que les extrémités de la croiſée ſerviſſent uniquement de veſtibule à une grande porte. Ces deux places ſont trop avantageuſes, pour n'en pas tirer un meilleur parti. J'y placerois donc deux principaux autels, dont la décoration moins enrichie ſeroit dans le même goût, que celle dont je viens de propoſer l'idée pour le maître-autel. Si l'on objecte que les portes ſont néceſſaires dans ces deux endroits pour faciliter la ſortie dans les jours de ſolennité & de foule ; je réponds qu'on retrouvera aifément ces portes fous les bas côtés, qui regneront au tour des extrémités de la croifée.

Les autels des chapelles doivent avoir tous une certaine uniformité de deffein qui n'exclut point la variété des idées. Ici je n'ai rien de particulier à prefcrire à nos Artiftes, je laiffe libre carriere à leurs inventions, pourvû qu'ils ne s'avifent pas d'y faire entrer des colonnes & des entablemens, pourvû que tout y foit fage, modefte, religieux.

Il ne refte plus dans l'intérieur de l'église, que l'extrémité de la nef du côté du portail. Ordinairement c'eft la place que l'on réferve au buffet de l'orgue, & c'eft tout ce qu'on peut faire de mieux. Mais je n'approuve point l'ufage prefque univerfel de conftruire une grande tribune pour cet effet. Cette tribune n'entrant point effentiellement ou plutôt

étant tout-à-fait étrangere à l'Architecture de l'église, ne peut qu'en corrompre & vicier l'ordonnance. Il feroit beaucoup mieux au-deffus de la principale
porte intérieure d'élancer une coquille
en bois, foutenue avec effort par des figures d'anges, & d'établir fur cette
bafe le buffet de l'orgue, qui auroit
alors très-bonne grace, paroiffant porté
au milieu des airs. On peut aifément
étendre, rectifier, embellir cette idée
que je ne fais qu'indiquer.

Venons maintenant à l'extérieur de
l'églife. Une chofe qui dépare le plus les
dehors de nos églifes, ce font les contre-
forts ou arc-boutans. On ne peut point
abfolument les fupprimer ; il faut donc
les effacer, de maniere que de nulle part
ils ne fe préfentent à la vûe. On a eu
cette attention en bâtiffant l'églife de S.
Pierre de Rome. De quelque côté qu'on

la confidere, l'artifice est si bien caché, qu'on n'apperçoit rien qui marque le travail des voûtes. Imitons cette pensée qui m'a toûjours paru infiniment judicieuse, & dont on ne s'est point encore avisé parmi nous. Au lieu de terminer les murs extérieurs des chapelles à la naissance des contre-forts ou arc-boutans, élevons les d'un étage de plus ; & alors tous les arc-boutans seront dérobés à la vûe. Mais afin que les jours de la nef ne soient pas trop offusqués, perçons autant de fenêtres dans l'étage d'en haut que dans celui d'en bas. Il est vrai que ce sera une augmentation de travail & de dépense ; mais j'ai déja dit que cette considération ne doit pas arrêter, quand il s'agit de bien faire. La décoration de ces murs extérieurs doit être extrèmement simple. Je n'y voudrois point employer d'ordre d'Architecture, parce qu'il me paroît absurde d'égaler la richesse des dehors à celle des dedans; parce que d'ailleurs il est difficile qu'un ordre d'Architecture y fût bien exécuté ; sans ajoûter aux servitudes du dedans de plus grandes servitudes encore. Je ne voudrois qu'un socle dans le bas, un plinthe qui séparât les deux étages, une corniche en haut surmontée d'une balustrade, & les fenêtres d'en haut vitrées comme celle du bas. Il me semble qu'il n'en faudroit pas davantage, & que cette décoration simple auroit d'ailleurs toute la décence convenable.

Il faut excepter le grand portail d'entrée, & les deux petits portails si on en veut faire aux deux extrémités de la croisée. La bienséance exige que l'entrée de la maison de Dieu ait une décoration capable d'imprimer d'avance le respect de la Divinité : il faut que le Fidele qui en approche, soit saisi d'une sainte terreur au seul aspect d'un lieu si vénérable. L'usage a toûjours été de charger beaucoup la décoration des portails d'église. Il semble même qu'anciennement, on affectoit d'y multiplier les ornemens à l'excès. On remarque cette profusion dans tous les portails des églises gothiques : je n'ai garde de la proposer pour modele. Il est ridicule de donner aux ornemens du dehors un brillant & un éclat qui surpasse ceux du dedans. Il faut en toutes choses une gradation, & que la décoration extérieure serve tout au-plus d'annonce & de préparation aux beautés du dedans ; de maniere que passant de l'un à l'autre l'admiration bien loin d'être suspendue ou affoiblie, aille toûjours en croissant. Ce principe est dans le vrai & dans la nature, conformons y donc exactement nos idées & nos desseins.

La meilleure maniere de décorer le grand portail d'une églife, c'eft d'y conftruire un portique dans le bas qui foit de la même hauteur que les bas côtés intérieurs, & qui occupe toute la largeur de la nef & des bas côtés. Ce portique doit fe terminer au-deffus en terraffe, & au fond de la terraffe s'éleve le fecond ordre pareil à celui du dedans, terminé par un entablement couronné d'une baluftrade. Si le toit de l'églife furmonte ce fecond ordre, il faut en élever un troifieme qui n'ait que la largeur de la nef, & on pourra le terminer par un fronton, en obfervant toutes les regles que j'ai prefcrites ailleurs au fujet des ordonnances à divers étages d'Architecture. Le grand portail doit être flanqué de deux tours en avant-corps.

Nos Anciens ont excellé dans la conftruction des tours. Ils en ont merveilleufement faifi le goût & pouffé très-loin l'artifice. Ils ont trouvé le fecret d'y réunir à l'élégance des formes, la légereté & la délicateffe du travail ; & évitant également le grêle & le maffif, ils ont atteint le point de précifion, d'où réfulte la vraie beauté de ces fortes d'ouvrages. Rien n'eft comparable en ce genre à la tour de la Cathédrale de Strasbourg. Cette fuperbe pyramide eft un chef-d'œuvre raviffant par fon élevation prodigieufe, fa diminution exacte, fa forme agréable ; par la jufteffe des proportions, par la finguliere fineffe du travail. Je ne crois pas que jamais aucun Architecte ait rien produit d'auffi hardiment imaginé, d'auffi heureufement penfé, d'auffi proprement exécuté. Il y a plus d'art & de génie dans ce feul morceau, que dans tout ce que nous voyons ailleurs de plus merveilleux.

Je n'ofe propofer à nos Artiftes de

nous donner par imitation quelque chose de semblable, ils desespéreroient bientôt du succès. Ils n'ont ni l'imagination assez vive pour oser, ni la main assez sûre pour exécuter de si grandes choses. Je les prie seulement de considérer l'extrême différence qu'il y a entre les tours qu'ils nous construisent & les anciennes tours. Celles-ci ont presque toutes de la hardiesse, de la grace, quelque chose de grand & de fier. Celles-là n'ont que la pesanteur, la dureté en partage, nulle élégance, nulle singularité, nul goût. Cette décadence dans une partie de l'Art si considérable, est tout-à-fait humiliante. Tâchons d'y remédier, s'il est possible.

Trois choses font la beauté des tours anciennes. Leur grande élevation, leur forme pyramidale, leur travail fin & délicat. Nos tours nouvelles n'ont aucune de ces qualités; & voilà pourquoi elles ne soûtiennent point le parallele avec les précédentes. Le grand portail de S. Sulpice est flanqué de deux tours. La dépense en a été grande : mais qu'elle a été faite mal à propos ! rien de plus sec, de plus chetif, de plus desagréable que ces deux tours. Le défaut de hauteur y est très-sensible. Bien loin de former la pyramide, ce sont deux bâtimens quarrés mis l'un sur l'autre, surmontés d'une sorte de dôme grêle dans ses proportions & grossier dans sa forme. De finesse de travail il n'y en a pas même l'ombre. Tout y est massif, dur, gêné, plat. Faut-il être surpris que le vulgaire même les désapprouve, & paroisse choqué de leur mauvais effet.

Il n'est point du tout impossible de faire mieux. On peut construire de très-belles tours, en employant les ordres d'Architecture. Pour cela il faut 1º. Que les divers étages soient par retraites, ce qui produit la diminution pyramidale. 2°. Qu'on supprime dans tous les étages inférieurs toutes les parties de l'entablement, qui, par leur saillie, tranchent l'ouvrage; & au lieu d'un tout, présentent l'idée de pieces détachées sans union, sans continuité. 3°. Que dès le second étage la tour cesse d'être quarrée & devienne octogone, ou du moins prenne telle autre forme que l'on voudra, approchant davantage de la figure ronde, & s'éloignant de la dureté & de la fecherefse de la figure quarrée. 4°. Qu'on n'y employe que des colonnes isolées, afin que l'ouvrage soit tout à jour, d'où résulte la légereté & la délicatesse. Le Chevalier Bernin chargé d'élever deux tours sur le grand portail de l'église de S. Pierre de Rome, avoit imaginé un dessein dans le goût que je viens de dire,

SUR L'ARCHITECTURE. 237

S'il avoit été possible de construire ces deux tours, elles auroient été d'une beauté achevée. On peut en consulter & en étudier le dessein comme un modele.

Il est peut-être plus facile encore de faire de belles tours sans y employer aucun ordre d'Architecture, & en se livrant sans contrainte à toute la hardiesse, à tout le caprice même des inventions. S'il y a une sorte de bâtimens où il soit permis de s'écarter des routes ordinaires, & de suivre en liberté le feu de son imagination, ce sont les tours. Qui empêche d'y mettre en œuvre toutes les singularités qu'un génie heureux est capable de produire ; pourvû que rien n'y peche contre le bon sens & la raison ; pourvû que la masse soit proportionnée à la hauteur, que la diminution ne soit ni trop grande ni trop petite : on peut d'ailleurs historier l'ouvrage comme on voudra. Plus la tour sera libre & dégagée, plus elle paroîtra faite d'un seul jet, & plus elle sera agréable. L'idée des belles tours gothiques comme celle de Strasbourg, est une idée excellente. Il n'y a que les ornemens qui sont mal dessinés. Qu'on suive la même idée; & au lieu d'ornemens baroques, qu'on y mette du vrai, du naturel, du singulier, du bisarre même, sans aller jamais au-dela des bornes, & on fera du beau, du surprenant, du prodigieux.

Après avoir ainsi donné l'idée générale d'un portail d'église, je dois remarquer que si l'on veut y mettre des statues, ce ne doit être que sous le portique d'en bas sur des piédestaux, dans les entre-colonnemens. Il seroit même très-bien de décorer tous les entre-colonnemens où il n'y a point de porte, avec des groupes capables d'exprimer le respect, le silence, le recueillement, la foi, & les autres sentimens qui doivent être dans le cœur des fideles qui viennent adorer le Seigneur dans sa sainte maison. On peut aussi, au lieu de groupes, figurer les mêmes choses par des bas reliefs, qui remplissent tout le vuide des entre-colonnemens & qui cachent exactement tout le nud du mur. Dans les étages d'en haut, il ne doit y avoir que des fenêtres, vraies ou feintes dans les entre-colonnemens. Tout au plus peut-on placer quelques groupes de statues sur les acroteres qui divisent la balustrade supérieure du portique. Dans l'étage supérieur qui se termine par un fronton, il faut bien se donner de garde, de placer comme on a fait tant de fois, des statues négligemment couchées sur les plans inclinés du fronton. Rien n'est plus absurde & plus contre nature, que des statues sur des toits. Ce qui seroit bien, c'est à la pointe du fronton de mettre en amortiffement, deux Anges voltigeans fur des nues, qui portent la croix deftinée à couronner tout l'ouvrage.

Je dois obferver encore, qu'on peut varier à l'infini les deffeins des portails. On peut dans le milieu élever un vrai dôme circulaire ou ovale, qui ferve d'entrée principale; on peut fur les côtés conftruire deux portiques circulaires qui faffent la communication de ce dôme qui eft au centre, aux deux tours qui occupent les extrémités. Un pareil deffein feroit d'une magnificence extrême. Les Artiftes en imagineront d'autres, chacun felon fon génie & fon goût. Je ne puis trop les exhorter à fe faire des idées propres, à méprifer tout ce qui n'eft que routine, à inventer, à donner du neuf.

Je n'ai parlé jufqu'ici que des églifes qui ont la forme ordinaire d'une croix longue. En fuivant toûjours la même ordonnance

donnance d'Architecture, on peut donner aux églises toutes les formes imaginables, il est bon même de ne pas les faire toutes sur le même plan. Toutes les figures géométriques depuis le triangle jusqu'au cercle, peuvent servir à varier sans cesse la composition de ces sortes d'édifices. Ce seroit sans doute un grand agrément, si dans une Ville comme Paris, il n'y avoit pas une seule église qui ressemblât à aucune autre, si elles avoient toutes quelque chose de particulier dans la forme, digne d'attirer l'attention des curieux, & d'occuper l'esprit des connoisseurs.

CHAPITRE CINQUIEME.

De l'Embellissement des Villes.

LE goût des embellissemens est devenu general, il est à souhaiter pour le progrès des arts, que ce goût persévere & se perfectionne. Mais ce goût ne doit point se borner aux maisons des particuliers, il doit s'étendre aux Villes entieres. La plûpart de nos Villes sont restées dans l'état de négligence de confusion & de désordre, où les avoit mis l'ignorance & la rusticité de nos anciens. On bâtit de nouvelles maisons : mais on ne change ni la mauvaise distribution des rues, ni l'inégalité difforme des décorations faites au hasard & selon le caprice de chacun. Nos Villes sont toujours ce qu'elles étoient, un amas de maisons entassées pêle-mêle sans sistème, sans œconomie, sans dessein. Nulle part ce désordre n'est plus sensible & plus choquant que dans Paris. Le centre de cette capitale n'a presque point changé depuis trois cents ans : on y voit toujours le même nombre de petites rues étroites, tortueuses, qui ne respirent que la mal-propreté & l'ordure, & où la rencontre des voitures, cause à tout instant des embarras. Les extrémités qui n'ont été habitées que long-temps après, sont un peu moins mal bâties : mais on peut dire avec verité, que si on en excepte quelques morceaux épars çà & là, Paris en total n'est rien moins qu'une belle Ville. Supérieure à toutes les autres, par son immense étendue, par le nombre & la richesse de ses habitans, elle est inférieure à plusieurs, par tous les avantages qui rendent une Ville commode, agréable, magnifique. Les avenues en sont miférables ; les rues mal percées & trop étroites, les maisons simplement & trivialement bâties, les places en petit nombre & peu considérables en elles mêmes, les Palais presque tous mal disposés ; en un mot, c'est une très-grosse Ville, sans arrangement, ou l'on rencontre très-peu d'objets qui frapent, & où l'on est tout étonné, de ne rien trouver qui réponde à l'idée qu'on s'en étoit faite, qui approche même de ce qu'on a vû dans plus d'une Ville beaucoup moins célebre.

Paris a donc très-grand besoin d'embellissement, & il en est infiniment susceptible. Pour concourir de mon mieux au dessein que l'on pourroit avoir de lui donner avec le temps, toute la beauté qu'il n'a point, je vais détailler ici les principes sur lesquels il faut agir, & les regles qu'essentiellement on doit suivre.

La beauté & la magnificence d'une

Ville dépend principalement de trois choses, de ses entrées, de ses rues, de ses bâtimens.

ARTICLE I.

Des Entrées des Villes.

IL faut que les entrées d'une Ville soient 1°. libres & dégagées; 2°. multipliées à proportion de la grandeur de l'enceinte ; 3°. suffisamment ornées.

L'entrée d'une Ville est destinée à faciliter la sortie des habitans & l'abord des étrangers ; afin d'éviter l'embarras du concours, il est nécessaire que tout y soit parfaitement libre & dégagé. Les avenues contribuent beaucoup à ce dégagement. J'entends par avenues les chemins qui conduisent à la Ville, auxquels il faut donner d'autant plus de largeur, que la

Ville est plus peuplée, & qu'il y a plus d'affluence. Il ne suffit pas que l'avenue ait cette largeur tout auprès de la Ville, il faut que cette largeur commence à une assez grande distance, pour qu'il n'y ait plus d'embarras à craindre. Depuis quelque temps, toutes les avenues de Paris ont été élargies : mais on a négligé sur la riviere deux principaux passages, qui à certains temps sont sujets à un concours extraordinaire, & où la liberté de l'abord est extrèmement gênée : ces deux passage sont le pont de Seve & le pont de Neuilli. Outre qu'il est fort indécent que deux ponts destinés à faire la communication de la Cour avec Paris, ne soient que de misérables ponts de bois, sans décoration & presque sans solidité ; il est souverainemement incommode de trouver à l'entrée de l'un & de l'autre, une porte où deux voitures ne sçauroient passer de front fans acrocher, & de n'avoir fur ces deux ponts qu'une largeur, à peine fuffifante, pour y couler les deux voitures en frifant le parapet d'affés près. Cette négligence peut occafionner de très-grands malheurs; & les inconvéniens en font fi fenfibles, qu'il eft étonnant qu'on ne penfe point à y remédier.

Il ne fuffit pas que l'avenue foit large; & autant qu'il eft poffible fans coude, & fans détour, il faut encore que la porte & la rue intérieure qui y répond ayent les mêmes avantages. Il feroit même à fouhaiter qu'à l'entrée d'une grande Ville on trouvât une grande place percée de plufieurs rues en patte d'oie. L'entrée de Rome par la porte du Peuple eft dans ce goût-là, & nous n'avons rien à Paris de femblable. Il feroit facile de difpofer ainfi l'entrée du fauxbourg S. Antoine; mais ce feroit faire la chofe à rebours. Il vaudroit bien mieux en dreſſant un nouveau plan general, arranger ſelon cette idée les deux principales entrées de Paris, à la porte S. Martin & à la porte S. Jacques, en mettant dans le milieu une rue qui perçât d'un bout à l'autre, & de chaque côté, des rues en rayons de cercles, qui diſtribuaſſent dans les principaux quartiers & aboutiſſent à quelque édifice conſidérable.

Plus l'enceinte d'une Ville eſt grande, plus il eſt néceſſaire d'en multiplier les entrées : c'eſt à quoi communément on ne manque gueres. Mais on ne s'attache point aſſez à les diſtribuer à diſtances à peu près égales, d'où il réſulteroit & plus d'ordre & plus de commodité. C'eſt le beſoin qui à donné lieu à cette multitude de barrieres, qui ſont l'entrée & la ſortie de Paris : mais c'eſt le haſard qui les à diſpoſées comme elles ſont avec une inégalité biſarre d'éloignement & de distance, ce qui produit une enceinte des plus irrégulieres & des plus difformes. Il auroit fallu tracer un polygone à peu près régulier, au-delà duquel il ne fût plus permis de s'étendre; tenir la main à ce que personne ne s'avisât de passer les bornes prescrites; & l'enceinte étant ainsi formée, distribuer les portes & entrées de la ville, ou sur chaque face, ou à chaque angle du polygone.

L'entrée d'une grande ville doit être decorée, & avoir un air de magnificence & de grandeur. Rien de plus chétif & de plus pauvre que ces barrieres qui font aujourd'hui les vraies portes de Paris. De quelque côté qu'on arrive en cette Capitale, le premier objet qui se présente, ce sont quelques méchantes palissades élevées tant bien que mal sur des traversiers de bois, roulant sur deux vieux gonds, & flanquées de deux ou trois tas de fumier. C'eſt ce que l'on qualifie du titre pompeux de portes de Paris. On ne voit rien d'auſſi miſérable dans les plus petits bourgs du Royaume. Les étrangers qui paſſent par ces barrieres tombent des nues, quand on leur dit que les voilà dans la Capitale de la France. Il faut argumenter avec eux pour les convaincre, ils ont peine à en croire leurs yeux, ils s'imaginent être encore dans quelque village voiſin; tout cela prouve combien il eſt indécent que les portes d'une ville comme Paris ſoient auſſi dépourvûes qu'elles le ſont de toute eſpece d'ornement.

Il faudroit là où ſont toutes les barrieres élever de grands arcs de triomphe, où ſeroit immortaliſée la mémoire des hauts faits qui ont rendu célebre le regne de nos Rois. Les arcs de triomphe ſont la décoration la plus convenable aux entrées d'une ville comme Paris. Ils annoncent noblement le séjour de ces Monarques conquérans qui ont rempli toute l'Europe de leurs exploits. On est en peine d'ériger des monumens à la gloire des augustes Princes qui nous gouvernent : quels monumens plus dignes d'eux que de beaux arcs de triomphe, qui fournissent un moyen simple & naturel de faire passer à la posterité le souvenir de leurs grandes actions, & qui placés aux entrées de la ville, les présentent d'abord à la vûe de l'étranger ? C'est ainsi que les Romains, ce peuple qui n'eut jamais que des vûes nobles & qui pensa toûjours en grand, honoroient leurs Empereurs. Ils ne songeoient point à faire de grandes & vastes places, précisément pour mettre dans le milieu la statue solitaire d'un de ces Souverains du monde. Ils en caractérisoient beaucoup mieux la grandeur, en élevant fur les diverfes avenues de leur ville, ces fuperbes arcs qui rappelloient le triomphe militaire dont leurs belles actions avoient été couronnées. Suivant les idées de cette admirable nation, donnons à toutes les entrées de notre Capitale, cet air romain, ce ton fier de décoration, nous y trouverons un double avantage. Nous ferons des portes magnifiques, capables d'attirer les regards, de fixer l'admiration de l'étranger; & fans beaucoup de frais, nous éleverons des monumens qui ferviront tout enfemble, & à la gloire de nos Rois, & à l'inftruction de la poftérité.

Sous le regne de Louis XIV. où la grandeur de ce Monarque fembloit avoir aggrandi les idées de tous les artiftes, on fentit cette double utilité des arcs de triomphe. Delà nous font venues les portes de S. Martin, de S. Denys, de S.

Bernard & de S. Antoine. Si le bon goût universel dans ce tems-là ne s'étoit pas éteint ou dépravé dans la suite, nous aurions aujourd'hui toutes les avenues de cette Capitale noblement ornées.

Les arcs de triomphe ont un goût qui leur est propre. Ils demandent de la grandeur dans leurs proportions, de la simplicité & de la force dans leurs ornemens, quelque chose de vaste & de fier dans leur masse. La porte de S. Denys, est selon moi, un chef-d'œuvre en ce genre. Rien de plus majestueux que l'étonnante largeur & la belle élévation de cet arc à plein cintre; rien de plus judicieux que les ornemens qui l'accompagnent; rien de plus mâle & de plus nerveux que la sculpture des figures & des bas-reliefs; rien de mieux dessiné & de plus fierement tranché que l'entablement qui le termine. Je ne connois aucun arc de triomphe des anciens Romains, d'une composition aussi spirituelle, aussi noble, aussi relevée que cette superbe porte. Je ne saurois en dire autant de la porte de saint Martin; les arcs en sont trop petits, la masse en est lourde & grossiere, & le travail immense des bossages vermiculés ne sert qu'à lui donner un air gothique des plus desagréable. La porte S. Bernard est tout-à-fait choquante. Dans la pompe d'un triomphe, le triomphateur doit occuper le milieu. Ici il va se casser le nez contre un pied droit, & est obligé de se détourner pour passer à droite ou à gauche. Ce défaut est insupportable, & gâte infiniment tout le reste de l'édifice, quoiqu'il soit d'ailleurs d'un fort beau travail. Dans un arc de triomphe, ou il ne faut qu'une porte seule, ou il en faut trois; lorsque cet édifice ne sauroit avoir une très-grande largeur, il faut se contenter d'une seule arcade, comme on a fait à la porte S. Denys, sinon on se met dans la nécessité de faire trois petites ouvertures qui suffiroient à peine pour l'entrée d'une maison particuliere, comme on le voit à la porte S. Antoine, dont l'Architecture est des plus triviales & des plus défectueuses.

Je ne voudrois point suivre le style des anciens Romains qui se servoient presque toûjours de piédestaux, de colonnes & d'entablemens réguliers dans les arcs de triomphe. Selon les principes que j'ai établis, les colonnes & les arcades ne peuvent jamais aller bien ensemble. Les colonnes dans un arc de triomphe paroissent toûjours un ornement superflu & postiche, qui ne peut que grossir ridiculement la masse, & corrompre le simple, le naturel, l'élancé, si je puis parler ainsi, de tout l'ouvrage. Rien n'empêche de faire du beau & du grand sans avoir recours à aucune ordonnance d'Architecture en colonnes ; la porte S. Denys en est la preuve manifeste. Les colonnes mêmes portent toûjours avec elles l'idée de maisons destinées à l'habitation : or un arc de triomphe ne peut être qu'un lieu de passage. Il est donc dans les principes du vrai & de la nature de leur donner une autre décoration. Le génie d'un habile homme est une ressource inépuisable ; il viendra à bout en suivant toûjours le goût particulier de ces sortes d'édifices, de varier infiniment les tours & les expressions de la même idée.

Je suppose une grande avenue très-large, en droite ligne, & bordée de deux ou de quatre rangs d'arbres. Elle aboutit à un arc de triomphe tel que je viens de le décrire à peu près; delà on entre sur une grande place en demi-cercle, ou demi ovale,

ovale, ou demi-polygone, percée de plusieurs grandes rues en patte d'oie, qui conduisent les unes au centre, les autres à l'extrémité de la ville, & qui ont toutes un bel objet qui les termine. Que tout cela se trouve réuni, & ce sera la plus belle entrée de ville qui se puisse imaginer. On ne pourra de long-temps exécuter rien de semblable dans une ville comme Paris. Il faudroit trop abattre & trop réédifier. On peut du-moins en faire le plan, & en ordonner successivement l'exécution, à mesure que les maisons dépérissent par vetusté. Ce que nous aurons commencé, nos neveux l'acheveront ; & la postérité nous ayant l'obligation d'avoir imaginé le système, nous tiendra compte de mille chef-d'œuvres dont l'exécution rappellera dans les siecles les plus reculés, la justesse & la majesté de nos idées.

R

ARTICLE II.

De la disposition des Rues.

Dans une grande ville, les rues ne peuvent rendre la communication facile & commode, si elles ne sont en assez grand nombre pour éviter les trop grands détours, assez larges pour prevenir tous les embarras, & dans un alignement parfait pour abréger la route. La plûpart des rues de Paris ont tous les défauts contraires. Il y a des quartiers très-considérables & très fréquentés qui n'ont avec les autres quartiers qu'une ou deux rues de communication; ce qui fait que la presse y est ordinairement fort grande, ou du moins qu'on ne peut l'éviter qu'en faisant d'assez grands detours. Depuis le Pont-neuf jusqu'à l'extrémité du jardin des Tuileries, on ne communique à tout le quar-

SUR L'ARCHITECTURE. 259
tier S. Honoré que par une seule rue & deux petits guichets. Dans toute l'étendue de la rue S. Antoine, il n'y a pour aller à la riviere, que deux seuls passages pour les voitures. Les ponts sur la riviere ne font pas assez multipliés, & les deux extrémités en manquent absolument. Les rues font la plûpart si étroites, qu'on n'y peut passer sans péril ; elles font si tortueuses, si pleines de coudes & d'angles insensibles, qu'elles doublent le chemin qu'il y a d'un lieu à un autre.

Il faut regarder une ville comme une forêt. Les rues de celle-là sont les routes de celle-ci ; & doivent être percées de même. Ce qui fait l'essentielle beauté d'un parc, c'est la multitude des routes, leur largeur, leur alignement ; mais cela ne suffit pas : il faut qu'un le Notre en dessine le plan, qu'il y mette du goût &

R ij

de la pensée, qu'on y trouve tout-à-la fois de l'ordre & de la bisarrerie, de la symmetrie & de la variété; qu'ici on apperçoive une étoile, là une patte d'oie; de ce côté des routes en épi; de l'autre, des routes en éventail; plus loin des paralleles; par-tout des carrefours de dessein & de figure différente. Plus il y aura de choix, d'abondance, de contraste, de desordre même dans cette composition, plus le parc aura de beautés piquantes & délicieuses. Qu'on ne se persuade point que l'esprit n'a lieu que dans des choses plus relevées. Tout ce qui est susceptible de beauté, tout ce qui demande de l'invention & du dessein, est propre à exercer l'imagination, le feu, la verve du génie. Le pittoresque peut se rencontrer dans la broderie d'un parterre, comme dans la composition d'un tableau.

Faisons l'application de cette idée, & que le deſſein de nos parcs ſerve de plan à nos villes. Il n'eſt queſtion que d'en toiſer le terrein, & d'y figurer dans le même goût des routes qui deviendront des rues, & des carrefours qui feront nos places. Nous avons des villes dont les rues ſont dans un alignement parfait : mais comme le deſſein en a été fait par des gens de peu d'eſprit, il y regne une fade exactitude, & une froide uniformité qui fait regréter le deſordre de nos villes qui n'ont aucune eſpece d'alignement : tout y eſt rapporté à une figure unique. C'eſt un grand parallélogramme traverſé en long & en large par des lignes à angles droits. On ne voit par-tout qu'une ennuyeuſe répétition des mêmes objets ; & tous les quartiers ſe reſſemblent ſi bien, qu'on s'y méprend & on s'y perd. Un parc qui ne ſeroit qu'un grand aſſemblage de quarrés iſolés & uniformes, & dont toutes les routes ne differeroient que numeriquement, feroit quelque choſe de bien faſtidieux & de bien plat. Sur toutes choſes évitons les excès de régularité & de ſymmetrie. Quand on appuie trop longtems ſur le même ſentiment, on l'émouſſe; quiconque ne ſait pas varier nos plaiſirs, ne viendra jamais à bout de nous plaire.

Ce n'eſt donc pas une petite affaire que de deſſiner le plan d'une ville, de maniere que la magnificence du total ſe ſubdiviſe en une infinité de beautés de détail toutes différentes, qu'on n'y rencontre preſque jamais les mêmes objets; qu'en la parcourant d'un bout à l'autre, on trouve dans chaque quartier quelque choſe de neuf, de ſingulier, de ſaiſiſſant, qu'il y ait de l'ordre, & pourtant une ſorte de confuſion, que tout y ſoit en alignement, mais sans monotonie, & que d'une multitude de parties regulieres, il en résulte en total une certaine idée d'irrégularité & de cahos qui sied si bien aux grandes villes. Il faut pour cela posséder éminemment l'art des combinaisons, & avoir une ame pleine de feu & de sensibilité, qui saisisse vivement les plus justes & les plus heureuses.

Il n'y a point de ville qui fournisse aux imaginations d'un artiste ingénieux un aussi beau champ que Paris. C'est une forêt immense, variée par des inégalités de plaine & de montagne, coupée tout au milieu par une grande riviere, qui se divisant en plusieurs bras, forme des îles de différente grandeur. Supposons qu'il lui soit permis de trancher & de tailler à son gré; quel parti ne tirera-t-il pas de tant d'avantageuses diversités ? Que d'heureuses pensées, que d'ingénieux tours, quelle variété d'expreſſions, quelle abondance d'idées, que de rapports biſarres, que de contraſtes ſpirituels, quel feu, quelle hardieſſe, quel fracas de compoſition! On dira ſans doute que l'invention & le plan ſeroient à pure perte par la difficulté, l'impoſſibilité même de l'exécution. Eh pourquoi la choſe ſeroit-elle impoſſible? combien de villes de province, avec des reſſources très-médiocres, ont eu le courage de projetter une réédification ſur nouveau plan, eſpérant en venir about à force de tems & de patience? Pourquoi deſeſpereroit-on de donner à Paris un embelliſſement ſi convenable? Dans la Capitale d'un grand royaume comme la France, les reſſources ſont infinies. Il n'y a qu'à commencer, le tems acheve tout. Les plus vaſtes projets ne demandent que de la réſolution & du courage, quand d'ailleurs ils n'ont contre eux aucun obstacle physique. Paris est déja une des plus grandes villes du monde. Rien ne seroit plus digne d'une nation aussi hardie, aussi ingénieuse, aussi puissante que la nation Françoise, que d'entreprendre sur un dessein nouveau d'en faire avec le tems la plus belle ville de l'Univers.

ARTICLE III.

De la Décoration des Bâtimens.

Quand le dessein d'une ville est bien tracé, le principal & le plus difficile est fait. Il reste pourtant encore à régler la décoration extérieure des bâtimens. Si l'on veut qu'une ville soit bien bâtie, il ne faut point abandonner aux caprices des particuliers les façades de leurs maisons. Tout ce qui donne sur la rue doit être déterminé & assujetti par autorité publique, au deſſein qu'on aura réglé pour la rue entiere. Il faut non-ſeulement fixer les endroits où il ſera permis de bâtir, mais encore la maniere dont on ſera obligé de bâtir.

La hauteur des maiſons doit être proportionnée à la largeur des rues. Rien n'a plus mauvaiſe grace que le défaut d'élévation des bâtimens, dans les villes où les rues ſont fort larges. Quelques beaux que ſoient d'ailleurs les édifices, paroiſſant bas & écraſés ils n'ont plus rien de noble, ni même d'agréable.

Quant aux façades des maiſons, il y faut de la régularité, & beaucoup de variété. De longues rues dont toutes les maiſons ne paroiſſent qu'un ſeul & unique bâtiment, par la méthode ſcrupuleuſement ſymmétrique qu'on y a obſervée, offrent un ſpectacle tout-à-fait inſipide. La trop grande uniformité eſt le plus grand de tous les défauts. Il est donc nécessaire que dans la même rue les façades extérieures soient exemptes de cette vicieuse uniformité. Pour bien bâtir une rue, il ne faut d'uniformité que dans les façades correspondantes & paralleles. Le même dessein doit régner dans tout l'espace qui n'est pas traversé par une autre rue, & il ne doit jamais être le même dans aucun des espaces semblables. L'art de varier les desseins dépend de la diversité de forme que l'on donne aux bâtimens, du plus ou moins d'ornemens qu'on y met, & de la maniere différente dont on les combine. Avec ces trois ressources, dont chacune est comme inépuisable, on peut dans la plus grande ville ne répéter jamais deux fois la même façade.

Ce seroit un grand défaut, si même avec variété de dessein tout étoit également orné & enrichi. Il faut pour la beauté d'un tableau une gradation de lumiere qui mene imperceptiblement du plus sombre au plus clair, & une suave harmonie dans les couleurs, qui n'est point incompatible avec certaines oppositions fieres, ou plutôt qui n'en est que plus piquante, lorsque parmi des couleurs sympathiques, il s'en trouve quelques-unes qui en troublent le repos, & qui font l'effet de la dissonnance. Voulons-nous décorer nos rues d'un goût exquis : ne prodiguons point les ornemens, mettons beaucoup de simple, quelque peu de négligé, avec de l'élégant & du magnifique. Passons pour l'ordinaire du négligé au simple, du simple à l'élégant, de l'élégant au magnifique ; quelquefois allons brusquement d'un extrême à l'autre par des oppositions dont la hardiesse attire la vûe, & peut produire de très-grands effets. De tems en tems abandonnons la symmétrie pour nous jetter dans le bisarre & le singulier ; mêlangeons agréablement le moelleux avec le dur, le délicat avec le heurté, le noble avec le rustique, sans jamais nous écarter du vrai & du naturel. Il me semble que par ce moyen on peut répandre sur les divers bâtimens d'une ville, cette aimable variété & cette touchante harmonie qui font le charme de la décoration.

La ville de Paris est assez grande pour qu'on y employe dans ses bâtimens tous les genres de décoration imaginables. Ses ponts, ses quais, ses palais, ses églises, ses grands hôtels, ses hopitaux, ses monasteres, ses édifices publics donnent lieu d'interrompre fréquemment la forme des maisons ordinaires, par des formes tout-à-fait singulieres. En renversant ces horribles masures qui surchargent, retréciſſent, défigurent la plûpart de nos ponts, & y ſubſtituant de beaux & grands portiques en colonnes de part & d'autre; en revétiſſant tous les bords de la riviere, & les changeant en de grands & larges quais; en garniſſant tous ces quais de façades, plus ou moins ornées par gradation & en nuances, ſelon la bonne entente d'un deſſein total, on aura d'un bout de la Seine à l'autre, un tableau dont rien n'approchera dans l'Univers. Si enſuite des deux côtés de la riviere, en parcourant des rues ingénieuſement tracées & parfaitement alignées, on rencontroit ſucceſſivement des maiſons communes, des hôtels, des palais, des portails d'égliſe, des places; ſi en conſervant la régularité des façades particulieres, on y voyoit le négligé, le ſimple, l'élégant, le magnifique artiſtement mêlangés & judicieuſement aſſortis, ſe faisant valoir l'un l'autre par leur opposition; si enfin par intervalles, il se présentoit des édifices de dessein & de forme bisarre, & dont la décoration fût dans le goût du grand pittoresque; je doute que les yeux pussent jamais se rassasier d'un spectacle si séduisant: Paris dans sa composition physique ne seroit plus seulement une ville immense, ce seroit un chef-d'œuvre unique, un prodige, un enchantement. Je souhaite que ce système d'embellissement, dont je viens d'indiquer les principes, & de fixer à peu près les régles, trouve des connoisseurs qui le goûtent, des amateurs qui le favorisent, des zélés citoyens qui s'y prêtent, d'intrépides Magistrats qui en méditent attentivement le projet, & qui en préparent efficacement l'exécution. Je sai que tout ce qui va à l'utilité doit avoir la préférence sur ce qui n'est que de simple agrément : mais on peut courir à l'utile, sans négliger l'agréable ; & on doit se souvenir qu'un projet qui tend à donner aux étrangers grande idée de notre nation, & à les attirer parmi nous en grand nombre, n'est point un projet sans utilité.

CHAPITRE SIXIEME.

De l'Embellissement des Jardins.

L'Art des jardins n'a été connu parmi nous que fort tard. Avant le regne de Louis le-Grand, on n'avoit pas même idée qu'un jardin pût avoir d'autres beautés que celles de la nature toute brute. On rassembloit dans une grande enceinte des arbres, des fleurs, des gasons, des eaux, mais avec si peu de goût & si peu de dessein, que rien n'étoit plus agreste & plus sauvage. Louis XIV. naquit, & à peine cette ame élevée & sensible

sible eût manifesté ses nobles penchans, que tous les arts se ressentirent de la vivacité de son amour pour le beau. L'art des jardins fut créé en France sous son regne. On vit naître sous le crayon du célebre le Notre, des compositions admirables, où toutes les beautés de la nature, disposées dans un ordre nouveau & avec une harmonie intéressante, offroient à la vûe les spectacles les plus délicieux. Tout le monde fut également épris d'une nouveauté si pleine de génie & de sentiment; l'émulation devint générale, de substituer à d'insipides vergers, de vrais jardins disposés avec goût, parés avec grace, remplis de tous ces rians objets qui n'avoient existé jusqueslà que dans l'imagination des Poëtes. L'esclavage de la mode, esclavage en France si ordinaire & souvent si dangereux, ne détermina point ces changemens. Le feul empire du beau, empire toûjours fi invincible, fit le crédit d'une invention, dont mille charmes annonçoient le mérite. De-là cette multitude de lieux enchantés, de parterres, de boccages affortis par la main des graces qui rendent les environs de Paris fupérieurs à Paris même.

L'art des jardins eft peut-être le feul art qui n'a point dégénéré en France. Nous avons enchéri fur les idées de le Notre. Nous avons à cet égard mis en œuvre avec fuccès le talent le plus propre à notre nation, qui confifte moins à inventer qu'à rectifier, polir, perfectionner les inventions étrangeres. Nos jardins prennent tous les jours une parure plus riante, plus vraie, plus naturelle; & comme il s'agit de fournir de nouveaux attraits à l'inclination qui nous fait rechercher à tous le délaffement de la campagne; il est à présumer qu'on perfectionnera toûjours davantage un art destiné à en rendre le séjour agréable de plus en plus.

Ne perdons jamais de vûe ce principe si nécessaire & si favorable aux progrès des arts; qu'il n'en est aucun qui soit encore parvenu au dernier terme de la perfection; qu'il y a beaucoup à corriger, beaucoup à ajoûter à tout ce que nous nommons des chef-d'œuvres. Il est question de bien connoître les défauts dont ils sont remplis, & d'imaginer les beautés qui leur manquent, c'est le seul moyen de travailler à leur vraie perfection.

Dans les jardins, on doit s'attacher surtout aux beautés riantes & naïves. Il faut se servir de ce que la nature a d'aimable, en embellir les productions, en les combinant d'une maniere gracieuse & touchante, sans leur ôter jamais cet air simple & champêtre, qui en rend le charme si doux. Ce qui nous plaît dans la nature, c'est 1°. l'ombrage des bois, la verdure des gafons, le murmure des ruiſſeaux ; 2°. les jolis points de vûe, & les païſages agréables ; 3°. l'heureuſe biſarrerie que la nature met dans ſes aſſortimens, & ce beau négligé qui bannit de ſa parure tout air de recherche & d'affectation. Il s'agit de raſſembler tous ces avantages dans une diſpoſition qui en faſſe ſentir plus finement le contraſte & l'accord, ſans en effacer le naturel & les graces.

Les jardins de Verſailles ont longtems paſſé parmi nous, & paſſent encore parmi les étrangers pour une des merveilles du monde. Je dirai de ces jardins ce que j'ai déja dit du château : on y trouve des chef-d'œuvres à chaque pas. Un Puget, un Girardon, & bien d'autres y ont répandu tant d'éclat par leurs productions inimitables, que tandis qu'il y aura parmi les hommes des amateurs du beau, ils viendront de toutes les parties du monde, rassasier leurs yeux de la vûe de ces prodiges, qui élevent le génie François au niveau du génie Grec & Romain. Mais ces jardins ont-ils d'ailleurs de quoi fournir aux plaisirs de l'ame & à l'amusement des yeux, un agréable & riant spectacle? On en jugera par l'examen que je vais en faire. Si la richesse des bronses & des marbres; si la nature étouffée, ensevélie sous un appareil outré de symmétrie & de magnificence; si le singulier, l'extraordinaire, le guindé, l'empoulé font la beauté d'un jardin: Versailles mérite d'être préféré à tout. Mais jugeons-en par sentiment: que trouvons-nous en nous promenant dans ces superbes jardins? De l'étonnement & de l'admiration d'abord, & bien-tôt après de la tristesse

& de l'ennui. D'où vient cette fâcheuse impression dans un lieu dont l'embellissement a coûté des sommes immenses? C'est ce qu'il convient d'examiner, & nous allons appercevoir une multitude de défauts, qui en ôtant à un jardin le riant & le gracieux, lui ôtent sa beauté la plus essentielle.

Un premier défaut qui saute aux yeux de tout le monde, c'est la situation de ces jardins. Cette vallée étroite, toute environnée de montagnes arides & de lugubres forêts, n'offre qu'un désert rebutant, & ne peut fournir que des points de vûe sauvages. Dès-lors, quelque dépense qu'on ait pû faire, il a été absolument impossible de réparer cette difformité du local. Il a fallu faire toutes choses en dépit de la nature, & les richesses qu'on y a prodiguées y siént aussi mal que la frisure & les pompons à un laid visage.

On n'aura jamais d'agréables jardins, si l'on ne choisit des lieux déja embellis par la nature; des lieux d'un aspect riant, dont la vûe puisse se porter sur un païsage orné de mille graces champêtres, dont la contemplation procure ces momens de douce rêverie, qui tiennent l'ame dans un délicieux repos. Les environs de Paris sont remplis de ces belles situations; & il a fallu chercher dans les bois, l'endroit le plus solitaire & le plus sombre pour trouver celle de Versailles.

Un second défaut, c'est la régularité trop méthodique de ces jardins. Ce grand air de symmétrie ne convient point à la belle nature. Il faut à la vérité du choix, de l'ordre, de l'harmonie, mais il ne faut rien de trop gêné & de trop compassé. Le fer à cheval, les parterres, les allées, les bosquets, tout est fait avec une exactitude, & une contrainte infiniment éloignée de l'heureuse négligence, & de la piquante bisarrerie de la nature dans ses productions. L'art, bien loin d'être caché, s'annonce de toutes parts & de toutes les manieres. C'est un de ces discours pleins d'affétérie, dont tous les tours sont étudiés, toutes les périodes arrondies, où tout est mesuré à l'équerre. Ce défaut est encore assez universel dans nos jardins, & en diminue tellement le plaisir, que pour faire de jolies promenades, on est obligé de sortir de ces bocages, où l'art est trop marqué, pour aller chercher la belle nature au milieu d'une campagne parée naïvement & sans artifice. Le goût des Chinois en ceci me paroît préférable au nôtre. La description de la maison de plaisance de leur Empereur, que l'on lit dans les Lettres édifiantes, annonce de leur part une grande naïveté dans la décoration de leurs jardins. Cette anti-fymmétrie qu'ils affectent, cet air de caprice qu'ils donnent au deffein & à la compofition de leurs bofquets, de leurs canaux, & de tout ce qui les accompagne, doit avoir des graces d'autant plus aimables qu'elles font vraiment champêtres. Auffi n'eft-il perfonne qui ait pû réfifter au charme de cette defcription ; on croit, en la lifant, errer au milieu de ces jardins ficrices, où les fées étalent leurs enchantemens : cependant lorfqu'on y réfléchit, on n'y voit rien que de fimple & de naturel : tant le fimple eft heureufement penfé, tant le vrai & le naturel ont d'empire fur nos goûts. Je voudrois que celui qui nous a donné cette jolie defcription, nous donnât le plan véritable de cette maifon délicieufe. Sans doute que ce plan nous fourniroit un bon modele, & qu'en faifant un ingénieux mélange des idées

Chinoises avec les nôtres, nous viendrions à bout de faire des jardins, où la nature se retrouveroit avec toutes ses graces.

Un troisieme défaut des jardins de Versailles, c'est qu'on y est trop renfermé. On va dans un jardin pour y prendre le grand air & respirer à son aise : or dans ceux-ci on se trouve toûjours comme entre quatre murailles : par-tout ce sont des massifs de verdure qui ne laissent aucune liberté, ni aux regards de s'étendre, ni à l'air de se renouveller ; les palissades de charmille sont de vrais murs, dont l'alignement & la hauteur font d'une allée, une rue très-ennuyeuse. On a senti le desagrément de ces murailles vertes ; on s'en est dégoûté, & on a eu raison. On a cherché à se donner de l'ombre, sans s'ôter la vûe, à se dérober aux ardeur du soleil, sans se renfermer entre deux murs. On en est venu à bout, en faisant des plantations d'arbres, dont la tige fût entierement libre & dégagée, & dont les têtes en se joignant, formassent de mille manieres differentes le couvert que l'on souhaite. De-là ces quinconces charmans où l'on est fraîchement & à l'abri, sans que la vûe y soit aucunement gênée. De-là ces portiques, ces berceaux qui présentent une voûte de verdure supportée sur autant de colonnes qu'il y a de troncs d'arbres. Je ne prétends pas qu'il faille exclurre entierement les épaisseurs & les massifs; la nature nous en présente plusieurs dans les forêts. Ce que je prétends, c'est que ces massifs doivent être employés avec économie, comme ayant par eux-mêmes quelque chose de triste & de sauvage : il faut s'en servir comme dans un tableau, on se sert des ombres pour faire valoir les clairs; comme dans la musique on employe les diffonances pour relever les accords confonans; car il y a une harmonie en tout. Les jardins de Verfailles font comme ces tableaux du Caravage où le noir domine à l'excès; ou comme la mufique moderne, où la profufion des diffonnances opere un terrible effet fur les fens.

Un quatrieme défaut de ces jardins, c'eft que la verdure y manque de vivacité & de fraîcheur, & que tout y eft d'une aridité extrême. Rien ne fait fur les yeux une fenfation fi voluptueufe qu'un beau verd. Veut on pouffer cette fenfation jufqu'au degré de volupté le plus piquant, il n'y a qu'à difpofer le verd par nuances depuis le plus vif jufqu'au plus tendre. Dans les parterres de Verfailles, on ne voit que des broderies dont le trait eft marqué par des cordons de buis, & dont le fond fablé de différentes couleurs,

SUR L'ARCHITECTURE. 285
porte des fleurs assez médiocres. Rien de plus triste, de moins naturel que ces broderies. J'aime mieux un pré tout simple ; j'y trouve du moins de la verdure, & une verdure fraîche ; au lieu que dans ces parterres en broderie, je ne vois presque que du sable qui fatigue mes yeux, & quelque peu de buis dont le verd est trop fade pour être de quelque agrément. Il n'y a de beaux parterres que les parterres en gason : on peut le mettre ou en simples compartimens, ou en vraie broderie ; pourvû que le gason soit bien fin, & qu'on le choisisse d'un verd bien vif, la vûe en sera toûjours satisfaisante. Quand je dis du gason en broderie, voici comme j'entends la chose : je voudrois deux ou trois nuances de verd, & qu'avec ces différens verds on exécutât un dessein de broderie, dans le même goût que ces ouvrages de tapisserie, où l'on n'employe

qu'une feule couleur, en nuant depuis le plus foncé jufqu'au plus clair : je voudrois que dans ce deffein de broderie on difpofât les fleurs par bouquet, & qu'on déterminât au jardinier, non - feulement les endroits uniques où ces fleurs doivent être, mais encore l'efpece particuliere de fleurs qu'il convient d'employer pour émailler de bon goût ce tapis brodé de verdure. Il me femble qu'un parterre femblable feroit d'une beauté parfaite, parce qu'il réuniroit tout ce que la nature a de plus agréable, & tout ce que l'art a de reffources pour embellir la nature même. Dans les bofquets de Verfailles, le verd eft quelquefois mal choifi & toûjours mal diftribué. Le verd des ifs eft trop mélancolique & trop fombre. Autrefois on étoit fort amoureux de ces pyramides d'ifs, taillées de mille manieres bifarres, & qui repréfentoient dans un jardin comme les différentes pieces d'un jeu d'échecs. Le bon goût achaſſé ces colifichets ridicules; on en voit pourtant encore bien des reſtes à Verſailles. Le verd des boſquets eſt trop uniforme, il faudroit y mettre, & plus de variété & plus d'ordre. Les différens arbres nous donnent différentes teintes de verd. Quoi de plus riant & de plus gracieux, que de combiner judicieuſement ces teintes, de maniere que le clairobſcur y fût preſque auſſi exact & auſſi ſéduiſant que dans un beau tableau? Il faudroit qu'un jardinier fût un excellent peintre, ou du moins qu'il poſſédât éminemment cette partie de la peinture, qui conſiſte à bien connoître la ſympathie des couleurs différentes & les différens tons de la même couleur : alors il aſſortiroit la verdure de maniere à cauſer des ſurpriſes, & à nous faire goûter des plaiſirs extraordinaires. Dans les jardins de

Versailles, il n'y a point d'eau ; & qu'est-ce qu'un jardin sans eau ? Elle seule peut en entretenir la fraîcheur, en ranimer les beautés, lui donner l'ame & la vie. Le murmure des eaux fait compagnie dans le plus solitaire jardin ; on croit être spectateur du badinage des nymphes & des nayades, quand on est sur le bord d'une fontaine ou d'un ruisseau, qui par ses divers bouillons & cascades nous amuse, nous parle, nous captive & nous fait rêver. Que n'a-t-on pas dépensé pour amener de l'eau à Versailles ? On a mis à contribution les pays circonvoisins : les canaux, les aquéducs, la Seine élevée par machines sur une très-haute montatagne, tout a été mis en œuvre à grands frais pour suppléer l'eau qui manquoit entierement. Après avoir employé à ce travail des sommes innombrables, tout s'est réduit à être en état deux ou ou trois fois l'année, de faire fortir par une infinité d'ajutages de toute efpece, des eaux fales qui jailliffent miraculeufement dans les airs l'efpace de quelques minutes; & qui de-là vont fe perdre dans différens égouts qui forment ce qu'on nomme le canal & les eaux plates : le refte du tems on ne voit pas une goute d'eau couler ; on ne rencontre que fontaines à fec & baffins à moitié remplis d'eau croupie & puante. Il vaut infiniment mieux avoir en eau de beaucoup moindres fpectacles, & les avoir pour en jouir habituellement. Une belle eau vive qui coule ici par petites napes, là qui fe précipite en cafcades, plus loin qui jaillit dans les airs, de ce côté qui fuinte à travers les rochers d'une grotte, de l'autre, qui fe joue par petits bouillons, par petites goulotes, qui prend en un mot toute forte de formes, qui joue toute forte de jeux;

T

voilà ce qui eſt préférable à tous les miracles inſtantanées de Verſailles.

L'examen critique que je viens de faire de ce jardin trop ſuperbe & point du tout riant, ſuffit pour donner une idée au moins confuſe du goût qui doit régner dans la décoration d'un jardin quel qu'il ſoit. Qu'on s'attache ſur toutes choſes à y mettre de la verdure, à la varier, à l'aſſortir ; qu'on ne ſe gêne point à ſuivre un deſſein trop correct, trop ſymmétriſé ; qu'on ménage ſoigneuſement les points de vûe ; qu'on diſpoſe avec intelligence les maſſifs & les clairs ; qu'on diſtribue l'eau dans toutes ſes parties, qu'on la faſſe couler & jaillir avec plus ou moins de force & d'abondance, ſelon que la ſource la donne en plus ou moins de quantité ; enfin qu'on diſpoſe ſi bien toutes choſes qu'il y ait de la vûe, de l'ombre, de la fraicheur, & ou fera des jardins vraiment délicieux.

Il y a en Europe un grand Prince qu'un singulier enchaînement de prospérités & de malheurs, a rendu célebre. Après une vie long-tems laborieuse & agitée, la providence lui a ménagé un repos dont il profite en homme de génie & de goût, pour se livrer à toute sorte d'inventions agréables & ingénieuses. Les Arts lui sont redevables non-seulement de la protection qu'il leur accorde, mais de mille découvertes dont il les enrichit, qui en étendent la sphere, qui en diversifient les productions, qui en multiplient les enchantemens & les ressources. Il fournit lui-même aux Artistes les idées, il leur fraye les routes, il leur donne les facilités avec une intelligence & une lumiere qui les met en état, même avec des talens médiocres, de faire des choses prodigieuses. Il est le premier homme de l'Univers, pour imaginer un projet avec vivacité, & pour l'exécuter avec autant d'économie que de promptitude. Ses maisons de plaisance dont avec des revenus médiocres, il a étonnamment multiplié le nombre, font remplis d'objets agréables & d'enjolivemens d'un goût exquis. Là on admire la fécondité du génie, qui tire avantage de tout, qui de rien crée mille choses, qui se plie de cent façons differentes, pour donner inceffamment du nouveau, du fingulier, & toûjours du riant & du gracieux. Là on voit des bâtimens de toute forte de formes, qui plaifent moins par la richeffe des matieres, que par la nouveauté du deffein, l'élégance de la forme, le bon goût des ornemens. Là on trouve un jufte mêlange de beautés mâles & nobles, & de beautés galantes & naïves. Là on fe promene dans des jardins où la nature eft dans fon beau & infiniment diverfifiée. Là on voit de belles eaux, bien vives, bien coulantes, s'elever en colonnes, se précipiter en cascades, former les jeux les plus singuliers & les plus charmans. Là on voit des portiques en colonnes d'eau, des salles dont les fenêtres sont toutes en stores d'eau; des salles à manger, illuminées par de grands lustres d'eau. Là en un mot, on trouve une foule de nouveautés ingénieuses, & par-tout, c'est le riant & le gracieux qui dominent. Que nos Artistes aillent à l'école de ce grand Prince, & ils apprendront mille manieres nouvelles de nous surprendre, de nous plaire, de nous enchanter.

FIN.

TABLE
DES MATIERES.

A

ABaye de Prémontré, édifice immense, mais repréhensible, 73
Abaye de S. Denys, ses vieux bâtimens étoient préférables aux nouveaux, 149
Académies d'Architecture, comment elles doivent travailler à la perfection de l'Art, 103. 124
Alcoves, sont d'une grande commodité dans les apartemens, 173
Alignement des rues, défectueux, 261
Allées de jardin, 282
Ambons, doivent être supprimés dans les Eglises, 222
Anciens, ne sont pas en tout de bons modeles, 106. 108
—— Plus habiles que nous dans la construction, 150
Appartemens, de quelles pieces ils doivent être composés, 170
—— Petits appartemens, leur destination, 175
Arcades, toûjours défectueuses dans un ordre d'Architecture, 33
—— Leur utilité, 34
Architecture, art qui demande beaucoup d'esprit, & de grands talens, 1. 2. 3
—— Ce qu'elle doit aux

DES MATIERES.

Grecs & aux Romains, 4. 68
— Ses principes fondés sur la simple nature, 10
Architecture moderne, ses beautés & ses défauts, 4. 68
Architrave, doit être en plate bande, 35. 64
— Composite, 111
— Corinthienne, 101
— Dorique, 86
— Ionique, 95
Arc-boutans, ou contre-forts, 58. 150
— maniere de les effacer, 208
Arcs-de-Triomphe, destinés à décorer l'entrée des Villes, 250
— Le goût de ces sortes de bâtimens, 253
Arc-doubleaux, apesantissent les voûtes, 226
Attique, ordre tout-à-fait vicieux, 47
Avant-corps, leur véritable idée, 37
Avenues de Ville, 245. 256

Autel de Notre-Dame, bon modele, 224
Autel de S. Sulpice, défectueux, 221
Autel des Jesuites, rue S. Antoine, ouvrage monstrueux, 31
Autel principal, comment il doit être, 221
Autel, de la croisée & des chapelles, 226

B

Baldaquin de S. Pierre de Rome, 28. 221
— Des Invalides, 28
— Du Val-de-Grace, ibid.
Balustrade d'appui, son usage, 30
Barrieres de Paris, 248
Bas côtés, défectueux, quand ils regnent autour du rond-point, 214
Base, ne doit jamais être retranchée, 72
Base atticurge, admirable, 72. 83. 98.
— Affectée à l'ordre dorique, 83

TABLE

— Peut-être attribuée à tous les ordres, 83
Base corinthienne, défectueuse, 98
Base ionique, défectueuse, 91
Bas reliefs, 239
Bâtimens des Anciens, leur solidité, 132
Bâtimens tout neufs, qui menacent ruine, 133
Bienséance, chaque bâtiment a la sienne propre, 177
Bisarrerie vicieuse, qui a régné parmi nous dans les ouvrages de Sculpture, 119
Bosquets de Versailles, 286
Broderie, dans les parterres, 284
Broderie, de gason de nouvelle invention, *ibid.*

C.

CArtouches, vicieux, 130
Chapelle, des Enfans-Trouvés, 196
Chapiteau, composite, 109
— Corinthien, 99
— Dorique, 87
— Ionique, 92
Chœur de Notre-Dame, décoré avec beaucoup de bienséance, mais avec des défauts, 179
Colonne, ses regles, 16
— A bossage, 26
— Accouplée, 35
— Engagée, 17
— Fuselée, 25
— Torse, 27
Collége des 4. Nations, forme de ce bâtiment très-agréable, 127
Composites, peuvent se varier beaucoup, 112
Concours, de deux corniches défectueux, 75
Congé de la colonne, 72
Consoles, 52. 58
Corniche, quand doit-elle être retranchée, 44
— Incommodité de sa saillie, 45
Corniche, composite,

— Corinthienne, 102
—— Dorique, 87
—— Ionique, 95
Corps de logis, doit être double pour être commode, 170
Cours, nécessaires pour la commodité, 163
Culs de lampe, 53

D

Décoration, des bâtimens n'est point arbitraire, 177
— Sans ordre d'Architecture peut très-bien réussir, 121
Décoration, des villes, 266
Dégagemens, nécessaires pour la commodité, 176
Délicatesse, n'est point contraire à la solidité, 148
Demi-métope, de l'angle saillant doit être unie & sans sculpture, 87
Denticule, quand doit-il être retranché, 44

— Est affecté à l'ordre ionique, 96
Diminution, de la colonne, 16. 25. 72
Distribution, des bâtimens, extérieure & intérieure, 161
Dôme de l'Eglise des Jésuites, rue S. Antoine, 52
—— Des Invalides, bâtiment inutile, l'usage qu'on en pourroit faire, 181
Dôme, maniere d'en éviter les défauts, 219
Dôme, circulaire ou ovale à l'entrée d'une église, 240
Dôme, tous également défectueux, 51

E

Eaux, nécessaires à un jardin, 288
Eaux, jaillissantes, 289
Eaux, plates, ibid.
Eglise de Notre-Dame, 201. 212
— Des Jésuites, rue Pot-de-Fer, 81. 82

— De S. Pierre de Rome, 142. 154
— De S. Roch, 89
— De S. Sulpice, 149. 202.
Eglises, d'Amiens, de Bourges & de Rheims, 213
Eglises, gothiques comparées avec les modernes, 200
Eglises, nous n'avons pas encore atteint la bonne maniere de les bâtir, 200
— Idée nouvelle à ce sujet, 207
Embellissement, des villes, 242
— Des jardins, 272
Entablement, ses regles, 32
— Composite, 111
— Corinthien, 101
— Dorique, 79
— Ionique, 95
Entre-colonnemens, 35. 65
Entrée, du corps de logis, comment elle doit être, 163
Entrées, d'une ville, leur disposition, 245
Entrepreneurs, leurs supercheries, 135
— Ne doivent point être confondus avec les vrais Architectes, 137
Envie de s'enrichir, combien les arts souffrent de cette bassesse, 136
Epaisseurs, trop grandes font à éviter; 148
Escalier, sa véritable place, 167
— De Premontré merveilleux, 152
— Du Luxembourg, défectueux, 167

F

Façades, des bâtimens sur la cour intérieure du Louvre, 20
— Du Château de Versailles sur les jardins, 48. 128
— Des maisons particulieres qui donnent sur la rue, 265

DES MATIERES.

Fenêtres, leurs regles, 55
— A plein cintre, *ibid*, 129
— Bombées, *ibid.*
— D'appartemens, 172
Feuilles, du chapiteau corinthien, 99
— D'acanthe préférables à celles de laurier & d'olivier, 100
Fleurons, du chapiteau composite, 109
Fondemens, ce qui en fait la solidité, 141
— Maniere de les construire très-défectueuse, 144
Fontaine, des saints Innocens, 190
— De la rue de Grenelle, *ibid.*
Formes, leur élégance, 126
— Peuvent se varier à l'infini, 63. 126. 131. 241
Fragmens, de corniche antique trouvés à Nismes, 108
François, moins propres à inventer qu'à perfectionner, 6. 69
Frise, quand doit-elle être retranchée, 44
— Composite, 111
— Corinthienne, 102
— Dorique, 86
— Ionique, 95
Fronton, ses regles, 36
— Cintré, brisé, à volutes ou enroulemens, également repréhensible, 41

G

Galerie, de Versailles, 186
— Du Louvre, 40. 49
Gouttes pendantes, au bas des triglifs, 86
Gloire, avec groupe d'Anges voltigeans, 224
Groupes, de statues, on ne peut trop les employer, 195
— Ils conviennent très fort à la décoration des églises, 224. 238

H

Harmonie, il y en a une propre de l'Architecture, 76
— Des couleurs, il faut en étudier les accords dans l'assortiment des marbres, 118. & pour la décoration des jardins, 287
Hôpitaux, leur bienséance, 196
Hôpital, des Enfans-trouvés, trop magnifique, *ibid.*
Hôtel de Ville de Paris, 187

I

Jardin, nécessaire pour la commodité & l'agrément, 162
Jardins, l'art des jardins n'a été connu parmi nous que sous Louis XIV. 272
— De Versailles, tristes & ennuyeux, 277
Ifs, mal employés dans les jardins, 286
Italiens, l'emportent sur nous par leur maniere de construire les fontaines, 191
Jubé de S. Sulpice, 50. 203
Jubé singulier, 53

L

L'Armier, composite, 111
— Corinthien, 103
— Dorique, 85
Lieux, d'aisance à l'Angloise, 171
Loi qu'il conviendroit d'établir au sujet des Entrepreneurs, 155
Lorme (*Philibert de*) ce que l'Architecture Françoise lui doit, 26. 69

M

Magnificence, nulle part si convenable que dans les églises, 178. 199
Maison, de campagne de l'Empereur de la Chine, 280
Maison, Quarrée de

DES MATIERES

Nismes, beauté de cet antique bâtiment, 15

Maisons des particuliers, leur bienséance, 197

Maisons Royales, ne devroient avoir qu'un simple rez-de-chaussée, 173

Marbres, leur beauté est très-indépendante de leur rareté, 115
—— Leurs couleurs doivent se rapporter au caractere du sujet, 117

Matériaux, le choix, & l'emploi qu'il en faut faire, 133. & suiv.

Métopes, leurs regles, 79

Modillons de l'ordre composite, 111
—— De l'ordre corinthien, 102. 105
—— De la Maison Quarrée de Nismes, 106

Modillons & Mutules, quand doivent-ils être retranchés, 44

Mortier, ne doit point être prodigué dans les bâtimens, 145

Moulures, différentes especes, 75
—— On pourroit les multiplier, 114
—— Maniere de les assortir, 75
—— Sont en Architecture ce que sont en harmonie les accords 76.

Mufles, 160

Mutules, de l'ordre dorique, 85. 88

N

Niches, inventions absurdes, 57

Nud du mur, un bâtiment est d'autant plus parfait qu'il en paroît moins, 65
—— Il peut paroître quelquefois, 129

Nudités, doivent être bannies des églises, 179

TABLE

O

OBservatoire, construction excellente de ses bâtimens, 146

Ordre d'Architecture, ce qui en constitue les beautés, les licences, & les défauts, 14

—— Nombre des ordres n'est pas absolument fixé, 66

—— Parties communes à tous les ordres, 71

—— Maniere de les enrichir, 114

—— Ils ont tous des imperfections, 104

Ordre, corinthien son caractere, 70
   Sa noblesse, 97

—— Dorique, son caractere, 70
   Ses difficultés, 79

—— Ionique son caractere, 70
   Son élégance, 90

Ornemens, leur choix, & leur disposition, 129

P

PAlissades, de charmille rendent les jardins tristes, 282

Palais du Luxembourg, ses défauts, 26. 128

—— Des Tuileries, ses défauts, 26. 49. 57. 128. 182

Palais des Princes, quelle est la bienséance de ces bâtimens, 181

Palais, où le Parlement s'assemble, 187

Parc, ce qui en fait la beauté, 259

Paris, ville généralement mal bâtie, 243

Elle fournit par sa situation de quoi faire la plus belle ville du monde, 263

—— Ses portes, comment il faudroit les décorer, 256

Piédestaux, doivent être bannis des ordres d'Architecture, 28

—— Leur véritable u-

DES MATIERES.

fage, 31. 71
Piedroit, défectueux, 33
Pilaſtres, eſſentiellement vicieux, 20
Pilotis, très-bon fondement, 142
Places, comment elles doivent être, 189
—— Royale, des Victoires, de Louis le Grand, 188
Place deſtinée à la ſtatue de Louis XV. 192
Plan d'une Ville, difficile à bien tracer, 262
Pont-Neuf, pourroit être deſtiné à porter toutes les ſtatues de nos Rois, 193
Ponts de Neuilli & de Séve, paſſages incommodes, 246
Ponts de Paris, maniere de les décorer, 270
Porche de S. Pierre de Rome défectueux, 50
Portail d'Egliſe, quelle en eſt la décoration, 230
Portail de la Culture

Ste. Catherine, 115
—— De S. Gervais, 18. 19. 42
—— Des Jeſuites, rue S. Antoine, 19
—— De S. Sulpice, 46. 203
Porte-à-faux, doivent s'éviter, 50
Porte du Peuple, belle entrée de Rome, 247
Portes —— De S. Antoine, 255
—— De S. Bernard, 254
—— De S. Denys, 253
—— De S. Martin, 254
Portes, leurs regles, 54
—— A plein cintre, 55
—— D'appartemens, 172
Portique de l'Hôtel de Soubiſe, 29
Portique du Louvre, excellent morceau d'Architecture, mais qui n'eſt pas ſans défauts, 22. 40. 57
Poſition, des bâtimens, laquelle eſt la meilleure, 160
Proportions, où on les trouve bien détaillées, 88

TABLE

— Ne font jamais libres, 123
— Leur défaut ne peut être corrigé par la richeffe des ornemens, 125

Q

Quais, il en faudroit revêtir tous les bords de la Seine dans Paris, 270
Quinconce, le plus bel ornement des jardins, 282

R

Rampes d'efcalier, comment elles doivent être, 169
Retables d'autel, défectueux, 224
Retraites, dans l'épaiffeur des murs ne font pas abfolument néceffaires, 146
Rez-de-chauffée, doit être élevé au-deffus du pavé, 163
Ronde boffe, il faut l'éviter, 120
Rond-point d'églife, défectueux, 213
— Maniere d'en rectifier l'ufage, 216
Rues, leur diftribution, 258

S

Sanctuaire dans les églifes, comment il doit être, 223
Sainte Chapelle de Paris, bâtiment d'une admirable conftruction, 150
Sculpture, maniere de l'employer dans les bâtimens, 77
Sculptures de la Chapelle de Verfailles, peuvent fervir de modele, 120
Simplicité, bienféance convenable aux maifons de Communauté, 197
Situation des bâtimens, commode & incommode, 157. 158
Sofite, de l'ordre dorique, 85
— De l'ordre ionique, 96

Solidité

DES MATIERES.

Solidité des bâtimens, de quoi elle dépend, 133. 138
Stales dans le chœur, leur position, 222
Statues mal placées dans une niche, 58
—— Plus mal encore sur les plans inclinées d'un fronton, 239
—— Elles sont l'ornement le plus considérable de nos places, 191
—— Il faut en varier le dessein, 195
—— Maniere de les habiller vicieuse, *ibid.*

T

Tabernacle, 224
Théatre de Marcellus, 72
Tigettes, ou caulicoles du chapiteau corinthien, 99
Timpan, du fronton, 75
Tombeau, autel en tombeau, 224
Tombeaux de S. Denys, 182

Tours pour les clochés, maniere de les construire, 223
—— Celle de Strasbourg modele excellent, *ibid.*
—— Celles de S. Sulpice, 235
—— Celles que le Chevalier Bernin avoit projettées pour S. Pierre de Rome, 236
Travées de la chapelle de Versailles, beau morceau d'Architecture, mais qui a ses taches, 22
Tribune de l'orgue, 227
Triglifs, quand doivent-ils être retranchés, 44
—— Leurs regles, 79

V

Verdure, chose la plus nécessaire à un jardin, 284
—— Maniere de la varier, 285
Versailles, ses apartemens n'ont rien de

TABLE DES MATIERES.

noble & d'agréable, 185

—— Entrée de ce Château très-mal disposée, 166

—— Façade sur les jardins, repréhensible, 48. 128

—— Plan & décoration sur la cour, défectueux, 128. 183

—— Changemens qu'il y faudroit faire, 184

—— Ecuries du Château, le plan en est très-agréable, 128

—— Situation du Château, mauvaise, 158

—— Vûes du Château, sauvages, 278

Villes, ont grand besoin d'embellissement, 243

Volutes, du chapiteau composite, 109

Volutes, du chapiteau ionique, 93

—— Maniere dont les Anciens les tailloient, défectueuse, *ibid.*

—— Perfectionnées par Scamozzi, 94

Voûtes, leur poussée, 140

—— Maniere d'y remédier, 150

Voûtes, excellentes d'une seule épaisseur de brique, 153

Fin de la Table des Matieres.

APPROATION.

J'Ai lû par Ordre de Monseigneur le Chancelier, un Manuscrit qui a pour titre : *Essai sur l'Architecture*, & je n'ai rien trouvé qui n'en favorisât l'Impression. Plein de zéle pour un Art célebre, l'Auteur s'efforce de contribuer à la perfection de cet Art. L'ouvrage est très-méthodique. De plus il est écrit avec une élégance & une précision, qui peuvent en rendre la lecture agréable au Public. FAIT à Paris le 25. Novembre 1752. TANEVOT.

PRIVILEGE DU ROI.

LOUIS, par la grace de Dieu, Roi de France & de Navarre : A nos amés & féaux Conseillers, les Gens tenans nos Cours de Parlement, Maîtres des Requêtes ordinaires de notre Hôtel, Grand-Conseil, Prévôt de Paris, Baillifs, Sénéchaux, leurs Lieutenans Civils, & autres nos Justiciers qu'il appartiendra, SALUT. Notre amé NICOLAS-BONAVENTURE DUCHESNE, Libraire à Paris, Nous a fait exposer qu'il désireroit faire imprimer, réimprimer & donner au Public des Ouvrages qui ont pour titre : *Oeuvres de M. Piron, Mémoires de M. le Marquis de Chouppes, Lieutenant Général des Armées du Roi*,

Pieces dérobées d'un Ami, Oeuvres de Théâtre de M****, *Nouveau Recueil de Pieces qui ont été jouées sur le Théâtre de l'Opéra Comique*, *Essai sur l'Architecture*, *Principes de la Grammaire Françoise*, s'il Nous plaisoit lui accorder nos Lettres de Privilége pour ce néceſſaire. A ces causes, voulant favorablement traiter l'Expoſant, nous lui avons permis & permettons par ces préſentes, de faire imprimer & réimprimer leſdits Ouvrages autant de fois que bon lui ſemblera, & de les vendre, faire vendre & débiter par tout notre Royaume pendant le tems de six années conſécutives à compter du jour de la date des préſentes; Faiſons défenſes à tous Imprimeurs, Libraires & autres perſonnes de quelque qualité & condition qu'elles ſoient, d'en introduire d'impreſſion étrangere, dans aucun lieu de notre obéiſſance; comme auſſi d'imprimer, faire imprimer, vendre, faire vendre, débiter ni contrefaire leſdits Ouvrages, ni d'en faire aucuns extraits ſous quelque prétexte que ce ſoit d'augmentation, correction, changement ou autres, ſans la permiſſion expreſſe & par écrit dudit Expoſant ou de ceux qui auront droit de lui, à peine de confiſcation des Exemplaires contrefaits, de trois mille livres d'amende contre chacun des contrevenans, dont un tiers à Nous, un tiers à l'Hôtel-Dieu de Paris, l'autre tiers audit Expoſant ou à celui qui aura droit de lui, & de tous dépens, dommages & intérêts: A la charge que ces préſentes ſeront enregiſtrées tout au long ſur le Regiſtre de la Communauté des Imprimeurs & Libraires de Paris, dans trois mois de la date d'icelles ; que l'impreſſion & réimpreſſion deſdits Ouvrages ſera faite dans notre Royaume & non ailleurs, en bon papier & beaux caractères conformément à la feuille imprimée attachée pour modele ſous le contreſcel des préſentes, que l'Impétrant ſe conformera en tout aux Reglemens de la Librairie, & notamment à celui du dix Avril 1725 ; qu'avant de les expoſer en vente les Manuſcrits ou Imprimés qui auront ſervi de copie à l'impreſſion & réimpreſſion deſdits Ouvrages, ſeront remis dans le même état où l'Approbation y aura été donnée, ès mains de notre très-cher & féal Chevalier, Chancelier de France, le Sieur DELAMOIGNON, & qu'il en ſera enſuite remis deux exemplaires de chacun dans notre Bibliothéque publique, un dans celle de notre Château du Louvre, un dans celle de notre très-cher & féal Chevalier, Chancelier de France, le Sieur DELAMOIGNON, & un dans celle de notre très-cher & féal Chevalier, Garde des Sceaux de France, le Sieur DEMACHAULT, Commandeur de nos Ordres. Le tout à peine de nullité des préſentes : du contenu deſquelles vous mandons & enjoignons de faire jouir ledit Expoſant ou ces ayans-cauſes pleinement & paiſiblement, ſans ſouffrir qu'il leur ſoit fait aucun trouble ni empêchement : Voulons que la copie des préſentes qui ſera imprimée tout au long au commencement ou à la fin deſdits Ouvrages, ſoit tenue pour dûement ſignifiée, & qu'aux copies collationnées par l'un de nos amés & féaux Conſeillers & Sécrétaires, foi ſoit ajoutée comme à l'Original. Commandons au premier notre Huiſſier ou Sergent de faire pour l'exécution d'icelles, tous actes requis & néceſſaires, ſans demander autre permiſſion, & nonobſtant clameur de Haro, Charte Normande, & lettres à ce contraires : Car tel eſt notre plaiſir. DONNE' à Verſailles le vingtieme jour du mois de Décembre, l'an de grace mil ſept cent cinquante-deux, & de notre regne le trente-huitieme. Par le Roi en ſon Conſeil. SAINSON.

Regiſtré ſur le Regiſtre XIII. de la Chambre, Royale des Libraires & Imprimeurs de Paris, N°. 96. fol. 66. conformément aux anciens Reglemens confirmés par celui du 28. Février 1723. A Paris, le 22. Décembre 1752.

J. HERISSANT, *Adjoint.*

FAUTES A CORRIGER.

Page 32. ligne 14. ſes colonnes, *liſez* les colonnes.

Pag. 34. *lig.* 7. parce, *liſez* parce que.

Pag. 85. *lig.* 11. moulures, *liſez* mutules.

Pag. 113. *lig.* 1. entablement, *liſez* l'entablement.

Pag. 168. *lig.* 10. paillier, *liſez* palier.

Item pag. 169. *lig.* 14. & 18. *même faute.*

Pag. 189. *lig.* 15. je ne n'y vois, *liſez* je n'y vois.

Pag. 188. *lig.* 14. n jardin, *liſez*, un jardin.

Pag. 194. *lig.* 10. d'exiger, *liſez* d'ériger.

Pag. 279. *lig.* 4. dont la vûe, *liſez* d'où la vûe.

De l'Imprimerie de la Veuve DELATOUR, rue de la Harpe. 1753.

www.ingramcontent.com/pod-product-compliance
Lightning Source LLC
Chambersburg PA
CBHW060359170426
43199CB00013B/1921